Autodisciplina

Método Probado Sobre Cómo Desarrollar Una Autodisciplina Enfocada Hacia Una Fuerza De Voluntad Inquebrantable

(Métodos Prácticos para Pensar de Manera Guía para Principiantes)

Yoshi Nino

Publicado Por Daniel Heath

© **Yoshi Nino**

Todos los derechos reservados

Autodisciplina: Método Probado Sobre Cómo Desarrollar Una Autodisciplina Enfocada Hacia Una Fuerza De Voluntad Inquebrantable (Métodos Prácticos para Pensar de Manera Guía para Principiantes)

ISBN 978-1-989808-75-7

Este documento está orientado a proporcionar información exacta y confiable con respecto al tema y asunto que trata. La publicación se vende con la idea de que el editor no esté obligado a prestar contabilidad, permitida oficialmente, u otros servicios cualificados. Si se necesita asesoramiento, legal o profesional, debería solicitar a una persona con experiencia en la profesión.

Desde una Declaración de Principios aceptada y aprobada tanto por un comité de la American Bar Association (el Colegio de Abogados de Estados Unidos) como por un comité de editores y asociaciones.

No se permite la reproducción, duplicado o transmisión de cualquier parte de este documento en cualquier medio electrónico o formato impreso. Se prohíbe de forma estricta la grabación de esta publicación así como tampoco se permite cualquier almacenamiento de este documento sin permiso escrito del editor. Todos los derechos reservados.

Se establece que la información que contiene este documento es veraz y coherente, ya que cualquier responsabilidad, en términos de falta de atención o de otro tipo, por el uso o abuso de cualquier política, proceso o dirección contenida en este documento será responsabilidad exclusiva y absoluta del lector receptor. Bajo ninguna circunstancia se hará responsable o culpable de forma legal al editor por cualquier reparación, daños o pérdida monetaria debido a la información aquí contenida, ya sea de forma directa o indirectamente.

Los respectivos autores son propietarios de todos los derechos de autor que no están en posesión del editor.

La información aquí contenida se ofrece únicamente con fines informativos y, como tal, es universal. La presentación de la información se realiza sin contrato ni ningún tipo de garantía.

Las marcas registradas utilizadas son sin ningún tipo de consentimiento y la publicación de la marca registrada es sin el permiso o respaldo del propietario de esta. Todas las marcas registradas y demás marcas incluidas en este libro son solo para fines de aclaración y son propiedad de los mismos propietarios, no están afiliadas a este documento.

TABLA DE CONTENIDO

Parte 1 1
Introducción 2
DETECTA TUS DEBILIDADES 5
Modifica Tu Forma De Pensar Y Abre Tu Mente 8
Cambia Tus Hábitos 15
RODÉATE DE ASISTENTES 19
NO TE OLVIDES DE DORMIR BIEN 20
NUNCA TE OLVIDES DE EJERCITARTE 22
CUIDADO CON LO QUE COMES 25
Establece Y Formula Metas Realistas 26
CON METAS REALISTAS, TE ESFUERZAS EN OBTENERLAS HASTA QUE LO LOGRAS. 31
PLANIFICA TU DÍA 31
ESCRIBE NOTAS Y RECORDATORIOS 33
Lleva Un Registro De Tu Progreso 35
ACEPTA EL FRACASO INEVITABLE 37
ENTRÉNATE EN LA INCOMODIDAD 38
CRÉATE UN SISTEMA DE RECOMPENSAS 41
Tómate Un Descanso 45

Conclusión 49

Parte 2 51

La Leyenda Del Autocontrol. 52

Capítulo 1 - Cultivar Un Sentido Innato De La Auto-Atención 63

Obtener Más Dinero. 65
Ponerse En Forma. 66
El Impulso Es Crucial. 68

Capítulo 2 - Principios Cognitivos - Usted Es Sus Hábitos. 74

Pavlov. 76
John Watson. 77
Bf Skinner 79
El Refuerzo Positivo. 80
El Refuerzo Negativo. 80
El Castigo. 81
El Punto De Vista Moderno. 81

Capítulo 3 - Formando Hábitos 84

El Abc De Los Hábitos. 84
Los Antecedentes. 84
El Comportamiento. 87
La Consecuencia. 89
La Planeación. 90

El Refuerzo Positivo. 91
El Refuerzo Negativo. 91
La Evaluación. 92

Capítulo 4 - El Código Mental En El Cual Viven Los Seals. 93

Los Mantras De Los Seals. 99
La Forma Común De Vida (Ethos) De Losseals.
.... 101

Capítulo 5 - Planifique Su Vida Como Un Soldado Ganador. 105

Concentrándose En El Éxito. 106
Mini Objetivos De Suma Importancia. 111

Capítulo 6 - Disciplínese Para Mantener Hábitos Positivos. 114

Ayer Fue Más Fácil Que Hoy. 118
La Actitud Mental Da Poder Sobre La Realidad. 120
No Hay Vuelta Atrás. 124
Reduciendo Sus Objetivos. 127
No Llegues Tarde. 128
Prepárate Para La Presión. 129

Capítulo 7 –Analizando Casos Prácticos.
.... 130

¿CÓMO EL CEREBRO RESGUARDA LOS HÁBITOS?
.... 131
ENGAÑANDO A SU MENTE EN DESEARLO. 132
MARCO PARA CREAR UN CRONOGRAMA. 134
EL SISTEMA DE ACTIVACIÓN RETICULAR. 136

Capítulo 8 –Consejos Paso A Paso En La Formación. 139

ENCUENTRA LO QUE LE MUEVE. 140
ENCONTRAR UN REMPLAZO. 141
SUPERANDO LA ANSIEDAD PASAJERA. 143
MANTÉN A OTROS INFORMADO. 144

Capítulo 9 - Algunas Cosas Para Tener En Cuenta Al Modificar Un Hábito. 147

Capítulo 10 - Entrenamiento Y Alimentación Como Guerreros De Élite. 152

ESTE ACTIVO TODOS LOS DÍAS. 155
ALIMENTE SU CUERPO. 156
SE CUIDADOSO CUANDO HACES UN PLAN. 157

Capítulo 11 –El Auto-Control Es Un Musculo. 159

ASUMIENDO LA RESPONSABILIDAD. 164
COMPÓRTESE COMO UN JUGADOR DE EQUIPO. 164
CONTINÚE APRENDIENDO. 165

Capítulo 12 –Establecer Una Rutina Matutina Productiva. 166

INICIE TEMPRANO 167
PLANEAR LA ALIMENTACIÓN DE ANTEMANO. ... 168
HAZ TU MAÑANA OCUPADA, NO ESTRESANTE. 169
TRATE DE EJERCITARSE. 169

Capítulo 13 –Las 12 Características De Los Seals De La Marina. 172

PRIMERA CARACTERÍSTICA – CONFIANZA. 173
SEGUNDA CARACTERÍSTICA – DETERMINACIÓN. 174
CUARTA CARACTERÍSTICA – FORTALEZA. 175
CARACTERÍSTICA CINCO – LA HABILIDAD. 176
CARACTERÍSTICA SEIS – LIDERAZGO. 177
CARACTERÍSTICA SIETE – SERENIDAD. 178
CARACTERÍSTICA OCHO – DISCIPLINA 179
CARACTERÍSTICA NUEVE – ADAPTABILIDAD. 179
CARACTERÍSTICA DIEZ – VIGILANCIA. 180
CARACTERÍSTICA ONCE – PACIENCIA. 181
CARACTERÍSTICA DOCE – PREPARACIÓN. 182

Parte 1

Introducción

¿Has sentido alguna vez que tu vida estaba dando vueltas fuera de control? ¿Alguna vez te has sentido derrotado por no cumplir con uno y otro plazo? ¿Te has desconectado de tus afectos porque te olvidaste de hacerte tiempo para ellos? ¿Acabas ignorando tus prioridades y concentrándote en asuntos que no merecen tu tiempo?

Por otra parte, ¿alguna vez te preguntas cómo algunos parecen tener todo el tiempo del mundo para hacer sus tareas? Esas personas "mágicas" parecen no tener problemas con la autodisciplina y consiguen hacer todo, verse como ellos quieren y tener todo en la vida. Eso es una ilusión. Nadie obtiene todo lo que desea. Más bien, las personas eligen lo más importante y avanzan hasta el final.

Una característica común que te hará sentir que no logras nada es la procrastinación Sí, tiene un nombre y nunca más podrás vivir dentro de esta burbuja. Si quieres vivir tu vida con tus propias condiciones, es importante que aprendas a superar tus tendencias de procrastinación. Hacer lo que te place cuando quieres, desafortunadamente no significa que vivas tu vida en tus condiciones. Solo cuando estés tomando todas las decisiones, concretando tus sueños y llevando una vida satisfactoria, te darás cuenta de que eres el autor de tu historia. La procrastinación podría parecer una elección tentadora, pero no te lleva a ninguna parte. Vives en esa ilusión de que todo está bien y un buen día la burbuja explota y te muestra la dura realidad.

Se necesita autodisciplina para obtener tan solo un atisbo de lo que deseas. Quizás quieras montar tu propio negocio desde casa, pero ¿cómo harás para ganar dinero? Quizás quieras escribir un libro, pero pareciera que el tiempo nunca alcanza. Quizás deseas bajar 15 kilos y aun así no puedes planificar las comidas, ir a un gimnasio, ni dedicarte a cambiar tus hábitos.

Has hecho bien en comprar este libro. Aprende a vencer tu procrastinación empleando los consejos y hábitos sugeridos en el siguiente capítulo de este libro. Además, aprenderás a implementar una mejor autodisciplina:
- Explorarás tus debilidades
- Cambia tus puntos de vista sobre la fuerza de voluntad y la autodeterminación
- Crea nuevos hábitos
- **Podrás escribir ese libro**
- **Podrás perder peso**
- **Pondrás en marcha un negocio**
- **Podrás ganar tiempo para leer o mirar tus programas favoritos**
- Establece metas
- Lleva un registro de tu progreso
- Alcanza lo que solo habías pensado o soñado anteriormente

Detecta tus debilidades

Las debilidades interrumpen nuestra habilidad para lograr nuestras metas y deseos. Sí, tu propósito principal es obtener más autodisciplina, pero tienes otros. Tus debilidades se interpondrán en el camino de alcanzar tus metas. Esta es una lista de "excusas":
Necesito ayuda de la familia y amigos.
Nunca podré pereder peso; ya lo intenté.
¡Ah, ese programa parece nuevo y atrapante! Nos tomemos todo el fin de semana.
Intenté y fracasé, así que no volveré a intentarlo.

La lista podría seguir, pero ¿por qué continuar siendo negativos?

Tú solo dependes de ti para alcanzar metas personales y profesionales. Si esperas que tus amigos, tu familia o tus colegas estén listos o disponibles, pues no vas a llegar a ningún sitio. La autodisciplina implica tomar el control y no permitir que sea siempre de otra persona.

A la jovencita que pasó diez años trabajando en sus sueños una vez le dijeron que la "iniciativa" es fundamental para triunfar en su puesto de venta. En esos días sonaba raro, porque cursaba la secundaria y trabajaba en una de las tiendas de ropa con el menor éxito de ventas en el centro comercial y excasos clientes. Aunque el gerente quería que la chica entendiera que ser preciso en doblar las camisas, pantalones y otras prendas y asegurarse de que las perchas estén bellamente perfectas era parte del trabajo. Ella tenía que "inventar" el trabajo para mantenerse ocupada y hacer la tienda atractiva.

Solo tú puedes tomar la iniciativa. Seguro te estarás preguntando: ¿Cómo hago cuando aparentemente no tengo la habilidad? Ya lo aprenderás. La iniciativa retoma las metas que te planteaste y manetiene el control en tu terreno y no en uno ajeno.

Si te rindes porque no lograste bajar de peso, no conseguiste el trabajo que querías o cualquier otra meta, entonces no te esforzaste lo suficiente o te rendiste demasiado rápido. O quizás no probaste tomar la mejor camino que te haga triunfar. Quizás hagas todo lo que puedas y aun así no alcanzas objetivos puntuales; pero insisto, quizás sea cómo intentes alcanzarlos. Por ejemplo, al querer perder peso, todos llegan a una meseta. Detenerse en esa meseta en vez de continuar y cambiar ciertos hábitos de nuevo para impulsarse hacia un nuevo es razón suficiente para que alguien se mantenga en el margen y no lo cruce. Si no bajas de peso al hacer 60 vueltas en la piscina y lo aumentas a 100 vueltas, pues es hora de modificar la rutina o tu alimentación antes de nadar.

Distraerte con lo que te agrada no siempre te ayudará a alcanzar tu meta. Tal vez sea otra forma de dejar que la autodisciplina desbarranque. De pequeños, a menudo nos enseñan a autorrecompensarnos. Queremos lo bueno, no lo malo, y generalmente lo queremos todo ahora mismo. Si sabes que tu debilidad te hará caer en la sensación del "ahora" frente a una recompensa posterior, ya puedes comenzar a modificar tu forma de pensar.

Modifica tu forma de pensar y abre tu mente

Es sumamente importante que tengamos una mente abierta antes de comenzar cualquier trabajo. Quizás te preguntes cómo impactará esto en tu procrastinación. Supongamos que no eres muy aficionado a la geometría. Tu profesor te da una tarea de geometría que contribuirá enormemente con tus notas. Ya que eres reticente a la geometría, no sentirás entusiasmo para comenzar con la tarea inmediatamente. Continuarás apartándola, hasta que sea demasiado tarde. Cuando acabas haciendo una tarea a las corridas, la calidad de tu trabajo también se verá afectada. Que no te sorprenda obetner una mala nota por esa tarea. Solo alimentará tu prejuicio por la materia aún más. Lo mismo pasa cuando intentas posponer un trabajo con un colega que no te agrada.

Cuando comienzas a huir de tus problemas, solo te esperan fracasos y más procrastinación. De ahí que es sumamente importante que tengas una mente abierta antes de comenzar cualquier tarea. Esto te ayudará a ver el lado positivo en todas las situaciones y a desarrollar un pensamiento positivo. El tener un pensamiento positivo te ayudará a ver soluciones posibles, aún cuando te encuentres en crisis. Cuando estás pensando en los pasos a seguir, ya no estás más en el tipo de pensamiento de la procrastinación. Por supuesto que llevará muchísima práctica desarrollarlo. Pero puede resultar ser un enorme punto de inflexión, no solo en tu carrera profesional, sino en todos los aspectos de tu vida.

La gratificación instantánea es hermosa, pero casi no te ayuda. Pero la vida es corta. Sí, el cliché. Nunca sabrás si tu vida acbará debido a un desastre natural o a una afección medica desconocida, o si te quedan cuarenta años de vida. No tenemos fecha de vencimiento. Pues, ¿qué te hará feliz en la vida?

¿Serás feliz cada vez que te alejes de la meta porque te falta autodisciplina para alcanzar tu potencial real? La mayoría de la gente no es feliz cuando ve que su propósito se le escapa entre los dedos todos los días.

Puede que mirar una serie de TV parezca divertido, pero pronto te hará sentir infeliz o insatisfecho. Uno: cuando tienes que ir al trabajo y dejas de verla, todo lo que desearás hacer es regresar a casa y terminar la siguiente temporada. Dos: cuando se acabe la serie completa, sentirás un vacío. Tres: comenzarás a darte cuenta de que tus metas no se han cumplido, todo porque caíste en otra tentación más, por el hecho de sentirse feliz en el momento.

Es hora de un reajuste para aprovechar tu potencial. Se necesita ver cómo te percibes a ti y tu vida. También es necesario entender la autodeterminación y la fuerza de voluntad como la forma en que tu mente puede ser el arma más poderosa que tengas contra ti mismo.

Tu mente es solo tuya, de nadie más. Por su puesto, le enseñaron a pensar. Además, cuando miras a tu alrededor, tienes deseos. Asi y todo, solo tú puedes modificar cómo ella reacciona. Solo tú puedes cambiar el ciclo que continúa con la constante autorecompensa.

Retomemos lo de mirar series de TV. Tienes una hora mientras termina la lavadora o antes de salir a cenar con alguien. Decides mirar un episodio, pero uno no es suficiente. Ahora quieres ver otro, y cuando ése termine, querrás saber qué pasa. Los programas televisivos están pensados para dejarte con la intriga, para que vuelvas semana a semana para ver qué pasa. Por supuesto que te olvidas de la lavadora cuando automáticamente empieza un segundo episodio. De pronto, has desperdiciado ocho horas y deberías haberte ido a dormir hace tres, y te sientes infeliz.

Para romper ese ciclo, necesitas volverte enfocar en tu mente. Se puede empezar con una meta. También es necesario saber cuáles son tus debilidades. Ahora que ya sabes esas dos cosas, puedes comenzar a repensar cómo piensas.

Comienza con una lista. ¿Qué necesitas lograr en el día?

Tu lista podría ser algo así:
1. Cambiar las piedritas del gato.
2. Barrer y pasar la aspiradora.
3. Publicar lo referido a mi meta en

Twitter y otras redes sociales.
4. Hacer la cena.
5. Recoger a los niños.

Puede que tengas un día laboral que te dé un margen menor de tiempo para realizar lo que tienes que hacer. Si eres de los que se pasan horas mirando TV en vez de alcanzar sus metas, necesitarás pensar en esta lista cuando tengas en mente comenzar un episodio del último programa que estés mirando.

Deberás examinar lo que sea que generalmente te distraiga de tu porpósito del día. Si comienzas esa actividad en vez de hacer lo que debes hacer para alcanzar tu potencial, ¿qué sacrificarás? ¿Te hará feliz? ¿Te sentirás orgulloso? ¿Te sentirás bien contigo mismo? ¿Sentirás que las cosas se salen de control? Averigua las respuestas a cómo te sentirás si desatiendes las cosas que son más importantes que la debilidad que te distrae.

Esto te obligará a ser autodisciplinado durante el día.

Pero he aquí una advertencia: A veces pensarás demasiado en algo que deseas lograr en un día al punto que no puedes deshacerte de la presión. La clave es elegir una meta por vez. Concéntrate en lo más importante, realízalo y continúa con lo siguiente.

Tu forma de pensar también puede comenzar a comparar la importancia de tus metas. Por ejemplo, si miro series de TV y soy un blogger, ¿cómo puedo hacer para que esa experiencia sea algo provechoso? Miro durante una hora y luego escribo un blog. Si leo durante una hora, luego puedo agregarlo al blog. Como ves, hay recompensa para el entretenimiento. Encuentra tu recompensa secundaria y pronto tu forma de pensar se transformará en un enfoque más disciplinado.

Cambia tus hábitos

Ya es hora de que tomes el control de tu vida y que no sucumbas a tus tendencias de procrastinación. Por su puesto que no va a ser tan fácil cambiar drásticamente tus hábitos. Como se dice, los viejos hábitos tardan en desaparecer. Pero, si eres paciente y realizas cambios graduales en tu forma de pensar y de vivir, definitivamente podrás vencer la procrastinación y llevar una vida productiva. Te ofrezco aquí una lista de sugerencias o consejos que puedes implementar de forma gradual y obtener los máximos beneficios. Recuerda: la palabra clave es paciencia. Tómalo con calma e incorpora estos consejos, uno a la vez, y observa cómo tu vida va cambiando para siempre.

Se pueden modificar los hábitos si estás dispuesto a trabajar lo suficiente. Pongamos de ejemplo lavar los platos. Nadie quiere hacerlo. Sin embargo, ahí están después de comer, siempre torturándonos. Algunos evitamos ese problema comiendo afuera, algo que no es la forma más saludable de mantener tu peso ni tu salud. Otros dejan que los platos se acumulen hasta que ya no pueden usar la cocina y deben hacer algo al respecto. Aún si tienes un lavavaijillas, eso no facilita para nada la tarea de lavar los platos.

Ahora, ¿si cambias tus hábitos como una pequeña forma de obtener más autodisciplina? ¿Y si sacaras algo del freezer que va directo al horno? El horno tiene que calentarse por lo menos durante cinco minutos, según la temperatura que programaste y la temperatura de tu casa. Mientras esperas que el horno se caliente, ¿por qué no mejor comenzar con los platos? Es como si esperaras que hierva el agua o que se se caliente la sartén en la cocina. El punto no es lo que haces, sino cómo decides usar los cinco o más minutos de espera que tienes.

La persona que tiene la autodisciplina para

lavar los platos mientras se hace la comida, ocupándose de la cocción, y sumando más platos limpios, es alguien que no tiene que lavarlos apenas haya terminado de comer. Después de comer, terminar de lavar los platos es fácil y lleva menos tiempo precuparse por eso.

Tomemos otro ejemplo. Supongamos que tienes algunos gatos con una bandeja sanitaria para cada uno. Si limpias una bandeja, pero tienes que limpiar todas y no lo haces, entonces te falta autodisciplina. Una persona que saca el deshecho pero lo deja en una bolsa, también está dejando las cosas para después, cuando deberían hacerse ahora. Si tocas algo, ¿por qué querrías tocarlo dos veces, moverlo, o aún peor limpiarlo una segunda vez porque el perro se mete ahí?

Para cambiar tus hábitos, necesitas establecer nuevas reglas:

1. Si estás haciendo algo, completa todos los pasos.
2. Si no puedes completar un proyecto dentro del marco de tiempo disponible,

encuentra a alguien que pueda.

3. A veces comienzas un proyecto sabiendo que necesitarás más tiempo del que tienes. Distribuye tu tiempo sabiamente, concretando una cantidad de pasos.

4. Llena el tiempo con otros proyectos. Un buen ejemplo es hacer la lavandería. Ya sabes que son 30 minutos para el ciclo de lavado y una hora para el de secado. En 30 minutos, ¿qué puedes completar? ¿Es algo que puedas retomar a la hora siguiente mientras se seca la ropa, o que puedas terminar en 30 minutos y comenzar algo más?

Cambiar tus hábitos se trata de alterar tu forma de pensar y la manera de ver las tareas que tienes ante ti. Si te enfocas en alguna actividad, es más fácil terminarla cuando tienes otras cosas que necesitas hacer.

Rodéate de asistentes

- A menudo la familia y los amigos son nuestros facilitadores. Se interponen al sugerirnos hacer cosas divertidas cuando en realidad debemos enfrentarnos a la incomodidad.
- Revierte la situación.
- Prioriza tus metas, ya sea que tus amigos quieran ayudar o no.
- Encuentra a otros con los que te puedas rodear, para asegurarte de que no volverás a distraerte.
- Distingue a las personas que te apoyarán con tus metas y serán realmente útiles de las que no lo harán.

Te gustaría creer que tu familia te ayudará, pero si no entienden lo que deseas y lo que intentas lograr, será más difícil que te apoyen. No se trata de que tu familia y tus amigos ignoren lo que necesitas. Sus propias vidas y necesidades eclipsan las tuyas. En vez de afligirte, enojarte o de nunca alcanzar lo que necesitas, rodéate

de personas que te entiendan.
- Encuentra a las personas que van a apoyarte en lo que hagas, sea que te ayuden con tu meta o que te alienten cuando desaparezca tu perseverancia.

Sí, la autodisciplina tiene que ver contigo, pero eso no quita que puedas buscar ayuda cuando la necesites.

Mágicamente, cuando sabes que alguien se siente como tú y quiere asegurase de que triunfes, eso te potenciará. Crecerá tu seguridad.

No te olvides de dormir bien

Dormir lo suficiente no es solo importante para tu salud mental, sino también para el efectivo funcionamiento de los otros órganos de tu cuerpo. Cuando duermes bien, rara vez te sentirás cansado. Podrás matener tus niveles de energía y continuar esforzándote al maximo. Un motivo importante de por qué acabamos procrastinando es la falta de energía suficiente. Una mente bien descansada también puede mejorar tu capacidad de atención. Con claridad mental mejorada y niveles de energía sostenibles, serás una fuerza a enfrentar.

Algunos consejos para que consigas dormir bien son de esta manera:

- Asegúrate de que no haya ninguna distracción en el dormitorio antes de que te acuestes. Ellas pueden ser laptops, teléfonos, iPad, etc. No querrás que estas distracciones te mantengan despierto durante la noche, cuando podrías estar durmiendo plácidamente.
- Antes de acostarte, asegúrate de que tu mente esté calma. Siéntate en un lugar tranquilo, libre de toda distracción, y medita durante cinco minutos. Si eliges no meditar, solo escucha música relajante antes de dormirte.
- Si eres de los que se distrae con la luz más leve alrededor, ayúdate con una máscara para dormir. Si no quieres distraerte con ningún ruido, usa

tapones.

- Si acabas dejando tu teléfono al lado de la cama, asegúrate de apagar las notificaciones y alertas. Nada es más importante que conseguir dormir bien por la noche, ni si quiera el trabajo. Así que, no dejes que los e-mails o mensajes de texto te despierten en la mitad de la noche.

Nunca te olvides de ejercitarte

¿Cuántos de nosotros dan por sentada nuestra salud? Estoy muy seguro de que la mayoría de nosotros tendemos a subestimar nuestra salud y bienestar. En verdad no dedicamos tiempo ni esfuerzo para asegurarnos de que llevamos un estilo de vida saludable. El no mantenernos saludables es una enorme razón para que procrastines. La falta de un estilo de vida saludable te lleva a procrastinar debido a las siguientes cuestiones:

Te enfermas con frecuencia. Y eso pone en

peligro tus niveles de energía. Sin importar lo que comas, siempre sientes que tus niveles energéticos se agotan rápidamente. La falta de energía es una causa muy importante detrás de nuestra procrastinación.

Enfermarse seguido también impacta nuestros niveles de seguridad. El elemento de la imprevisibilidad, en cuanto a la salud, lentamente comienza a atenuar tu seguridad. Dejas de tomar más trabajo o de divertirte, porque temes enfermarte de nuevo. Aun si comienzas algo nuevo, tus bajos niveles de seguridad afectan tu motivación para trabajar y acabas posponiéndolo.

Tu claridad mental también se ve afectada como consecuencia de una salud débil. Así, no podrás concentrarte en nada durante un largo periodo de tiempo. A su vez, esto te hace posponer muchas cosas en tu agenda.

Una forma fácil de asegurarse de que estés

en un buen estado de salud es ejercitar periódicamente. El ejercicio con regularidad también es importante para desarrollar la autodisciplina. Con un estilo de vida saludable y una autodisciplina mejorada, tus niveles de confianza mejorarán automáticamente. Tu capacidad de antención mejorará enormemente y te sorprenderás de cuánto trabajo puedes lograr en un corto período de tiempo. Pero de nuevo, ten expectativas mínimas cuando comiences a ejercitar. No siempre es posible acostumbrarse al esfuerzo físico de un primer momento. Por supuesto que al principio será muy doloroso. Por eso, la clave es empezar con poco. Comienza a ejercitarte durante unos minutos al principio. Cuando tu cuerpo empiece a sentirse cómodo con la cantidad de ejercicio, aumenta el tiempo dedicado a la tarea.

Cuidado con lo que comes

Otra forma de garantizarte un estilo de vida saludable es asegurarte de ingerir alimentos saludables. Ya he recalcado lo importante que es llevar un estilo de vida saludable. Los beneficios clave de la alimentación saludables son los siguientes:

Podrás mantener tus niveles de energía durante un lapso mayor. Así podrás estarás motivado a realizar mucho trabajo y a no posponerlo.

Cuando eliges lo que comes, también estás disciplinando tu cuerpo y tu mente. La autodisciplina mejorada te garantiza que no procrastines innecesariamente.

Ciertos alimentos ciertamente pueden mejorar tus funciones cognitivas; y esto a su vez impacta también en tu productividad.

A continuación, algunos consejos para que comas sanamente:

- Asegúrate de leer la etiqueta de los productos de almacén al elegirlos. Cuando comiences a leer las etiquetas, tendrás una mejor idea de lo que va a tu plato.
- En lo posible, trata de cocinarte tus propias comidas. Esta es otra forma de asegurate de que te ajustes al régimen.
- Asegúrate de alejarte de las comidas procesadas.
- Bebe abundante agua durante todo el día. Esto garantizará que tu cuerpo esté hidratado y que no interfiera en tus niveles de energía.

Establece y formula metas realistas

¿Cuántos de nosotros tenemos el problemade llegar al fin del día sin ningún objetivo o propósito? Cuando no existe un objetivo o propósito, nuestros esfuerzos rara vez se canalizarán de manera positiva. Esa falta de dirección también nos lleva a tomar con ligereza las tareas que nos encargan y así acabamos procrastinando. Para darle fin a esa tendencia, crea una lista de áreas o metas prioritarias. Reconozco que te podría sonar como un proceso extraño y complejo. Pero, créeme cuando te digo que podrás fácilmente elaborar metas a corto y largo plazo si estás dispuesto a dedicarle tiempo.

Para comenzar, tómate un tiempo y escribe lo que querrías ser en un año. Puede tener que ver con tus finanzas, tu salud o tu profesión. Supongamos que yo quisiera bajar 7,5 kilos y estar en buen estado físico para participar en una maratón antes del fin de un año. Eso pasará a formar parte de mi lista de metas para el año que viene. Con ese objetivo en mente, pensaría dos veces antes de saltearme los ejercicios o de holgazanear y no prepararme comidas saludables. Cuando tengo metas similares respecto a mi profesión o mi formación, lo pensaría dos veces antes de postergar cualquier tarea o informe, teniendo en cuenta el impacto a largo plazo que tendrá. Como puedes ver, las metas definitivamente te darán una sensación de dirección y te harán ver cómo lo que haces a diario, a la larga, importa.

La autodisciplina comienza con una meta: un foco que te conducirá al cambio. Sin el deseo de mejorar tu vida o tu potencial de negocios, no obtendrás autodisiciplina. Lo que a muchos les cuesta es comenzar con una meta que parece no convincente, o porque nunca lo inentan.

Una joven probó varias profesiones antes de regresar a la casa de sus padres. Creyó que obtendría un trabajo de revendedora y que al menos ganaría suficiente dinero como para mudarse a un lugar propio. Pero los trabajos eran frustrantes, nada de lo que ella quería, así que se arriesgó. Pensando que no había nada malo en intentar, publicó un aviso en línea con su currículo. Hace ya diez años que lleva trabajando en lo que soñó. Hacía poco que había comprado su primera casa y que había alcanzado sus metas personales y profesionales.

Todo lo que hizo falta fue una actitud de "no vendría mal" probar con algo que ella quisiera. Las piezas debían acomodarse. Alguien tenía que estar dispuesto a darle una oportunidad, pero antes que nada, ella tenía que aprovechar la oportunidad.

Si hay algo que deseas, dentro de lo moral y la justificación ética que logre mejorar tu vida o tu potencial comercial, debes tener la capacidad de intentar.

El primer paso para creer que puedes lograr cualquier cosa que te propongas en tu mente es conseguir establecer metas. La meta puede ser tan simplista como quieras que sea.

Por ejemplo, podrías decidir en el Día Uno que publicarás tu currículo en un sitio web dirigido hacia tu interés profesional. Si estás tratando de perder peso, quizás establezcas tu primera meta al determinar qué tipo de ejercicio te agrada y disfrutas.

La información que te doy no podrá decirte cuál debería ser tu primera meta. La moraleja es decidir cómo comenzar con una meta que tengas.

Para las metas de negocios, necesitarás tiempo. Puede que no obtengas una respuesta de la noche a la mañana. La clave consiste en actualizar el contenido, probando otros lugares para publicar el currículo y en hacer que las redes sociales se preparen.

Cada día debe ser una meta dirigida a darte a conocer en el campo profesional para el cual calificas.

No puedes establecer una meta de perder 5 kilos en dos días, conseguir un empleo el mismo día que publicas tu currículo o ganar un millón de dólares en un año. Todos estas metas son exageradas, porque cietos aspectos de la vida están fuera de nuestro control. No puedes obligar a que alguien te dé un empleo o que encuentre tu currículo inmediatamente. No puedes conseguir que tu cuerpo se alinee de inmediato y que pierda peso de un día para el otro.

Con metas realistas, te esfuerzas en obtenerlas hasta que lo logras.

Es fácil decir todo esto, otra cosa es lograrlo. Muchas cosas se interponen: algunas logran distraerte y otras están fuera de tu control. Solo recuerda que un dia por vez es todo lo que necesitas para enfocarte en obtener lo que deseas. Cada día tendrás una nueva meta que alcanzar. Puede ser tan simple como bloguear para darte a conocer, agregar un nuevo empleo en LinkedIn u otra cosa. Sin importar lo que sea, debe ser una meta pequeña y alcanzable para que te ayude a alcanzar la gran meta.

Planifica tu día

Igual que antes, no consideres un ejercicio

engorroso el planificar tu día. Todo lo que necesitas hacer es apartar entre 10 y 15 minutos cada mañana para planificar tu día. Si consideras que no puedes disponer de tiempo por la mañana, podrías planearlo también la noche anterior. Apenas te acuestes, saca tu diario y anota tareas para el día siguiente. Una ventaja de hacer esto es que sabes cuánto has logrado en el día y qué cosas te quedan pendientes para el final de la jornada. Esto te dará una idea de las tareas que deben ser programadas para el día siguiente.

Elaborar un cronograma es muy sencillo y te sorprenderás cuánto puede orientarte algo tan simple. El cronograma que crees no debe ser extremadamente detallado. Todo lo necesario es una lista de tareas que deben cumplirse antes del final del día. Para agregarle más valor a tu cronograma, dibuja otra columna al lado de la lista para indicar cómo estas tareas se relacionan con tus metas generales. Si por ejemplo uno de los puntos es completar una tarea, escribe "buenas notas" junto a él. Eso te dará una idea de lo importante que son las tareas y te ayudará a priorizar según sea necesario.

Escribe notas y recordatorios

Usar recordatorios es uno de los métodos más eficaces de que asegurarte no dejarte caer en el hoyo de la procrastinación. Como dije anteriormente, observar tu progreso y tomarse recreos a tiempo son sumamente importantes. Allí es donde los recordatorios demuestran ser los más útiles. Se los puede usar para diversas cuestiones. Puedes usarlos en un nivel macro, en donde se te recuerde cuáles son tus metas para la semana o para el mes. En escala menor, los recordatorios se establecen para ayudarte a mantenerte enel buen camino.

En esta pelea contra la procrastinación, tu teléfono es sin dudas tu arma más poderosa. La función de establecer recordatorios nunca ha sido tan fácil. Hay muchas aplicaciones disponibles que puedes utilizar. También lo puedes hacer a la vieja usanza: ten recordatorios escritos a mano en forma de adhesivos.

Como dije antes, puedes ponerte recordatorios de dos formas: a nivel macro y micro. Puedes realizar una lista de tareas para un mes, por ejemplo, y luego poner recordatorios en tu teléfono que te avisen en intervalos predeterminados de 10 o menos días, para que tengas una idea de lo que te queda por hacer para completar el recordatorio del mes. De cierta manera, estos recordatorios te ayudarán a seguir tu progreso.

Se puede usar el mismo concepto para poner más recordatorios frecuentes a nivel micro. Puedes ponerte recordatorios todos los días y así ayudarte a cumplir con tu cronograma. Presta atención a la frecuencia de los recoratorios. Demasiados recordatorios pueden molestarte y podrías acabar tocando el botón de ignorar la próxima vez que un recordatorio aparezca en la pantalla.

Si tiendes a ignorar los recordatorios, acude a la ayuda de familiares o amigos, para que te recuerden tus próximas fechas límite. Los recordatorios también pueden usarse para que no te olvides de tus recreos y otras cuestiones relacionadas con tu vida personal y social. No hay nada de malo en ayudarse con los recordatorios. Es algo que te ahorrará la tensión de recordar. Asi que, acude a los recordatorios, en cualquier lugar posible.

Lleva un registro de tu progreso

Crear un cronograma e intentar implementarlo solo te ayudará a la mitad. Si no sabes que tu plan no está funcionando, acabarás preguntándote por qué tus esfuerzos nunca se tradujeron en resultados. Si continúa esta tendencia, acabarás frustrándote y tus niveles de seguridad también descenderán. Una foma de asegurarse de que estás yendo por buen camino es llevar un registro de tu progreso. Cuando revises tu progreso, sabrás dónde estás. Eso también te ayudará a tomar conciencia de la importancia del tiempo que te queda. Por ejemplo, supongamos que te das cuenta de que has completado solo una pequeña porción de tu cronograma antes del mediodía y todavía tienes muchas cosas que completar antes de que acabe la jornada. Esa comprensión te ayudará a planificar las siguientes pocas horas de una manera más efectiva. Podrás priorizar y conseguir hacer por lo menos las tareas importantes. Eso te asegurará de que no postergues ninguna tarea importante y que cause un impacto grave. Como dije antes, puedes usar tus recreos para revisar tu progreso.

No creas que este ejercicio te llevará mucho tiempo. Revisar tu progreso podría ser tan sencilo como tachar ítems de tu lista una vez completadas. Podrías agregar más detalles como, por ejemplo, qué tan perfecta salió la tarea, el tiempo que llevó completarla, cualquier divergencia que hayas tenido, etc. Esa información te ayudará definitivamente a planear mejor tu día siguiente. Hasta que no sepas que tus esfuerzos se canalizan de la manera más productiva posible, nunca podrás obtener los mejores beneficios. Por eso, es sumamente crucial que revises tus progresos periodicamente. Dejaré que tú juzgues la periodicidad de las revisiones. Si no tienes tanta confianza en tu gestión de tiempo o de entrega, te recomendaría que hicieras revisiones más frecuentes. Eso te dará un baldazo de realidad y te ayudará a modificar tu ritmo. Si te sientes confiado con tu enfoque, podrías preparte para una revisión al final del día.

Acepta el fracaso inevitable

A nadie le gusta efrentar un revés. Pero no todo saldrá a tu manera. Para que obtengas más autodisciplina, tendrás que levantarte cuando fracases.

Un fracaso puede ser tan sencillo como no

alcanzar una meta en el día. Puede ser distraerse antes de volver a retomar o no alcanzar la meta que te pusiste para un año o para cinco.

Se siente bien cuando alcanzas tu meta, pero el control no es algo que siempre puedas tener. Desafortunadamente, las cosas pueden interferir. Tu pareja, madre, padre o hermano pueden enfermarse o necesitar apoyo, y tu vida queda en espera. Trabajar sobre lo que te interrumpe es adonde acude la autodisciplina. Si consigues tener cinco minutos para dedicarte a tu meta, tienes autodisciplina.

Entrénate en la incomodidad

Es algo honesto escribir las primeras cuatro estrategias para obtener autodisciplina, pero todavía tienes que cumplirlas. Debes olivdarte de la recompensa inmediata para la meta. Claro que tienes muchas recompensas por delante, pero demasiadas pueden hacerte descarrilar. Después de establecer tus metas, descubre tus debilidades, trabaja en tu forma de pensar e idea una estrategia para cambiar tus hábitos. Necesitas atravesar el entrenamiento en la incomodidad.

No nos gustan los asuntos arduos, esos que nos hacen sentir incómodos. Nos gusta quedarnos con los conceptos cómodos y familiares. Huímos de todo lo que nos aterra o nos preocupa.

La mejor manera de entrenarse es enfrentar una pequeña incomodidad. Al igual que con los platos, comenzar un pequeño proyecto que no tiene recompensa es una manera de enseñarte a ti mismo a alcanzar una meta sin importar cómo te haga sentir.

La verdad es que la meta final debe importante bastante para que continúes hasta el final con todo.

Por lo general, un escritor detesta editar, pero así y todo lo tiene que hacer para que le publiquen el libro.

Un contratista a quien le encanta construir tendrá que hablar con clientes para ganar dinero.

Siempre hay cosas que nos incomodan.

Quizás ansías mejorarte y necesitas autodisciplina para atenerte a tus metas. Tal vez no te guste repetir algunas cosas que ya aprendiste. Supongamos que quieres refrescar tu memoria sobre idiomas que has aprendido, lo que implica atravesar por decenas de palabras y frases que ya conoces. Es tedioso. Lo recuerdas rápidamente, pero todavía necesitas algo para avanzar en la lengua.

Entrenarse en la incomodidad es enfrentar lo que no te gusta y seguir adelante de todas formas.

Una tarea en el trabajo puede causar

miedo y preocupación de no estar calificado o de dejar alguien disconforme.

La persona que supera esos sentimientos y realiza el trabajo y obtiene una recompensa que no esperaba es la persona más feliz.

Entonces, afronta la incomodidad y esfuérzate para avanzar.

Créate un sistema de recompensas

¿Quién no preferiría tener motivación para comenzar con las tareas de su cronograma? Un sistema de recompensas sólido definitivamente nos ayudará a comenzar. Tener un sistema de recompensas te ayudará de las siguientes maneras:

Sin importar cuánto desees posponer algo, una recompensa muy cercana te motivará definitivamente para que te atengas a tu cronograma y consigas hacer la tarea.

Una recompensa puede ser un resfuerzo positivo. Por lo tanto, eso te ayudará a cultivar hábitos saludables.

No necesitarás una tercera persona que te motive cuando tengas un sistema sólido de recompensas a punto.

No obstante, es importante que no nos sobrepasemos con nuestras recompensas. Para asegurarnos de que nuestras recompensas son justas, es imprescindible que tengas algunas normas básicas, tales como:

Asegúrate de concederte unarecompensa a tiempo. Si no mides bien el tiempo de tu recompensa, el propósito de tener una recompensa no se cumple. Debe ser inmediata, donde sea necesario, para garantizar que hagas el trabajo en cuanto al cronograma.

Elegir una recompensa excesivamente grande tiene mucho que ver con el impacto de tus niveles de motivación. Si decides relajarte con algo extravagante, podrías perder de vista la imagen general y acabar saliéndote del cronograma. Una recompensa muy generosa también impactará tu autodisciplina en gran medida. Al mismo tiempo, nose debería caer en la austeridad mientras se eligen las recomensas. Si eliges una recompensa frugal, no te importará completar la tarea frente a ti, porque no hay nada sustancioso que te aliente a seguir.

Trata de que tus recuerdos sean positivos, todo lo posible. Cuando tienes refuerzos positivos como recompensas, puedes usarlos como una oportunidad para cultivar hábitos saludables.

Cuando intentes elegir una recompensa, asegúrate de no escoger algo irrealizable. Tu recompensa debe ser práctica y factible. Solo entonces confiarás en el sistema de recompensas. Confiar en tu sistema de recompensas es importante para que éste tenga impacto en ti. Por ende, no dejes volar tanto tu imaginación cuando elijas una recompensa.

No elijas tus adicciones como tus recompensas. Lo que tratas de lograr al deshacerte de la procrastinación de tu vida es obtener más disciplina y productividad. Cuando sale la carta de mejorar la autodisciplina, lo primero que debes hacer es atender tus adicciones. A menudo perdemos noción del tiempo, ya que estamos consumidos por nuestras adicciones. Empero, es importante que tus recompensas no tengan que ver con tus adicciones.

Tu recompensa debe contar con sentido y propósito. Eso es importante para captar tu atención. Si no tienes una recompensa significativa, ni siquiera te entusiasmarás para trabajar por ella.

Crea recompensas específicas. Tener recompensas específicas de veras puede motivarte, más de lo que imaginas. Si tu recompensa es específica, podrás visualizarla bien. Esa visualización pronto nos sacará del sofá y nos obligará a enfocarnos en el trabajo por hacer. Por el contrario, si es una recompensa genérica, no estarás tan entusiasmado por ella como deberias.

Sé que todo esto suena a trabajo extra. Pero cuando haces toda esta tarea, lo que obtendrás es un sistema de recompensas funcionando a pleno, algo que puede motivarte en cualquier tipo de situación.

Tómate un descanso

¿Eres de los que creen que los recreos son una pérdida de tiempo? Veamos, es hora de que cambiemos la perspectiva. Los recreos son vitales para garantizar que te mantengas productivo durante todo el día. Otra causa común por la que la mayoría pospone las tareas es porque la tarea que hay que hacer simplemente no apela a nuestro interés. Podría pasar que no nos interese nada hacer cierta tarea, razón que nos hace dejarla para después. Para asegurarte de que no te aburras, es sumamente importante que tomes recreos del trabajo o de lo que sea que hagas.

Permíteme resaltar unos cuantos beneficios de recreosoportunos:

- Los recreos garantizan que la monotonía no se cuele en tu trabajo. Sabemos cuán productivos seremos cuando no estamos hundidos en la monotonía.
- Te sentirás totalmente renovado cuando tomes un recreo de lo que hagas. Ergo, los recreos son una buena oportunidad para recargar tu cuerpo y tu mente.
- Podrás calcular la cantidad de progreso logrado hasta ahora. Eso te ayudará a prepararte para el resto del día. También podrás identificar cualquier distracción y hacer las modificaciones necesarias para tu plan.

- Podrás enfocarte mejor en tu trabajo después de volver de un recreo breve.

No obstante, es importante que no te dejes llevar por los recreos. Si no los manejas con cuidado, tus recreos te harán procrastinar. Ten en cuenta algunas cosas al decidir sobre tus recreos.

Elige la frecuencia y la duración de tus recreos de forma apropiada. Deben complementar la inmensidad de trabajo que se necesitó. Por ejemplo, si has trabajado en algo durante una hora, tu recreo no debería exceder los 10 o 15 minutos.

Hazlo una práctica, así te atienes al tiempo que dispones para los recreos. Si eres de los que se distraen fácilmente, ayúdate con los recordatorios.

No realices actividades que insumen mucho tiempo durante tu recreo. El punto crucial de tomarse un recreo es asegurarse de que te sientas renovado y que no te agobies.

No tomes recreos no programados, a menos que sea extremamente necesario.

Conclusión

Ahora que hemos llegado al final del libro, estoy seguro de que debes sentirte optimista para tomar a la procrastinación por las astas y deshacerte de ella. Sé que parece demasiado esfuerzo hasta aquí. Pero, créeme que cuando realizas cambios graduales en tu vida, te sentirás sumamente contento de haber atravesado ese trayecto.

Más que nada, lograrás tus metas siempre que las establezcas. Cambia tu forma de pensar y no dejes que nadie te influencie. Si puedes rodearte de personas que te ayudarán y que no te obstaculizarán, puede que mejores tu autodisciplina.

Ahora que has llegado al final de las sugerencias, espero que tengas una idea de dónde puedes mejorar tus hábitos para asegurarte de usar la autodisciplina para lograr tus metas.

Lleva tiempo y puede que experimentes fracasos antes del éxito. Sin embargo, el éxito será aún mejor cuando sepas que tuviste que trabajar arduamente para lograrlo y superar la incomodidad que sentías al comienzo.

Solo tú puedes mejorar. Tú eres el único en tu vida que puede hacer que algo pase, pero debes desearlo lo suficiente. Las personas con gran autodisciplina desean tanto algo que se inventan formas para disponer de tiempo para lograr todo en un día, una semana, un mes o un año, y eso les ayuda a alcanzar su meta más importante.

Sé uno de ellos: pon tus metas por sobre tus debilidades.

Espero sinceramente que este libro te haya parecido útil. ¡Nuevamente te agradezco por comprarlo!

PARTE 2

La leyenda del autocontrol.

Cuando oímos la palabra "fuerza de voluntad", inmediatamente pensamos en la persistencia, la firmeza y el deseo de triunfar. En realidad, es un concepto erróneo que la fuerza de voluntad requiere un esfuerzo tan intenso para lograrlo; el impulso tiende a ser efímero y al final no puede salvarte. Usted debe saber por muchas experienciasque se ha encontradoen dilemas en los cuales necesita estimulación para las cosas significativas que quiere lograr o alterar acerca de su vida. En algunas profesiones, como la de agente secreto, este tipo de estímulo puede ser tan drástico como el incentivo para sobrevivir. La autodisciplina genuina se manifiesta cuando una pregunta instintiva de por qué quieres algo viene a tu mente, la cual le motiva a perseguir sus deseos más íntimos. Si alguien cree que lo que está buscando es lo suficientemente estimulante o significativo, entonces instintivamente construirá una actitud auto dirigida para hacerlo; el sentimiento ocurre naturalmente. Con esta mentalidad, será más factible lograr los objetivos y perseguir sus deseos. Aun así, hay algunos métodos que pueden ayudarlo a permanecer en el camino correcto y beneficiarlo diariamente para mantenerlo motivado y alcanzar cualquier meta que pueda tener. En estas situaciones, sólo hay dos cosas que usted necesita hacer: 1.) Definir y analizar lo que desea lograr, y 2.) Moderar sus tendencias para ayudarlo a hacerlo.

Como se mencionó anteriormente, una actitud y determinación positiva son sólo una pequeña parte de la ecuación. Usted debe organizar sus días con tácticas que le ayuden a ser increíblemente dinámico, sin importar su estado emocional actual. Los sentimientos fluctuarán, pero usted puede adherirse a una estrategia incluso si se encuentra en un estado de depresión. Este es el principal factor que contribuye a altos niveles de eficiencia; es decir, moderar sus tendencias y manierismos regulares para mantener el control a fin de hacer lo que se necesita hacer, independientemente de cualquier desesperanza que pueda estar sintiendo. Dicho esto, recordemosidentifiquemos brevemente lo que realmente es el autocontrol.

El autocontrol es un estado psicológico y físico en el que entrenas a tu mente y a tu cuerpo para que se adhieran a un código específico de comportamiento durante un cierto período de tiempo. El autocontrol es el acto de condicionarse a seguir una rutina fija mediante la implementación de disuasiones y motivaciones. La psique reacciona a las incitaciones periféricas, y puede ser condicionada a reaccionar a incitaciones específicas de una manera determinada. El acondicionar tu mente es la clave del autocontrol. El autocontrol es necesario para eliminar el estancamiento, el caos y el olvido de nuestras vidas, reorganizándolo para una mayor productividad y representación. El autocontrol es un factor fundamental para realizar y acelerar nuestros deseos, objetivos y planes para el futuro. El autocontrol se enriquece de la misma manera en que crecen nuestros músculos: cuanto más lo entrenas, más poderoso se vuelve. Conquistar la habilidad de autocontrol no es una hazaña sencilla, ya que se presentan muchas variables que intentan impedir suavance. Éstas podrían ser cosas como el estancamiento, la vacilación y la poca confianza en sí mismo. El entrenar tu mente la hace más resistente y la mantiene concentrada en la tarea que tienes por delante, la cual se esfuerza por alcanzar en tu vida. El autocontrol disuade de cualquier indulgencia inmediata como inversión, para obtener una recompensa mayor durante un período de tiempo más largo.

De alguien con experiencia en situaciones de alta intensidad con todo tipo de personas e innumerables empresas que necesitaban niveles extremos de autocontrol para actuar de la manera más efectiva posible, este libro ha sido compuestoconfiadamente con el fin de ayudarte a dominar algunos métodos inteligentes que se pondrán en el camino correcto, para lograr tu fuerza mental. Este libro le ayudará a definir y concentrarse en lo que quiere lograr y le proporcionará algunos mecanismos para hacerlo. Está claro que cada uno tiene sus propias metas que alcanzar, y aquí encontrarás las tácticas que pueden estimularte a perseguirlas. Esto se logra principalmente regulando sus acciones y tendencias a perseguir sus objetivos y alcanzar cualquier deseo que tenga en su vida. Este libro analiza por qué es vital adoptar ciertos comportamientos fundamentales, así como la cantidad de tiempo que toma mantenerlos a largo plazo. Estos comportamientos son los que hacen que las personas que son militares y de operaciones especiales permanezcan atentas, efectivas y mejor equipadas para alcanzar sus objetivos a lo largo de sus vidas. Este libro se concentra en lograr el autocontrol necesario para que las prácticas diarias se centren en la meta y ayuden a la persona a alcanzarla. Esto se relacionará con todo, desde estudiar para los exámenes, hasta ponerse en forma o ganar dinero; independientemente de cuáles sean sus objetivos, es el comportamiento el que tendrá un efecto constructivo o perjudicial en lo que sea que esté buscando. Observaremos el funcionamiento fundamental del cerebro y cómo una persona puede deshacerse de conductas destructivas como beber alcohol en exceso o comer de manera poco saludable, para mantenerse meticuloso mientras lo hace y eventualmente mejorar su calidad de vida.

Autocontrol de grado militar.

Los miembros de las fuerzas armadas son algunas de las personas más auto controladas y motivadas que se pueda imaginar. Esto es especialmente cierto para los Seals de la Marina de US, que son algunas de las divisiones militares más respetadas del mundo. Incluso el simple hecho de escuchar el nombre nos trae a la mente visiones de soldados increíblemente persistentes que se enfrentan a tareas aparentemente inmanejables y fatales. Algunas de las misiones militares estadounidenses más importantes de la historia han sido llevadas a cabo por los Seals, y no es un misterio el por qué. Son una colección de los mejores guerreros en los que se puede confiar para llevar a cabo la tarea que tenemos entre manos, independientemente de la situación.

Aparte de tener una inmensa cantidad de autodisciplina y determinación, una de las hazañas más impresionantes de los Seals de la Marina es superar el arduo curso inicial de entrenamiento. Este curso de formación tiene una duración de ocho semanas, después de las cuales, sólo el 20% pasa al siguiente nivel y se somete a la formación básica de Demolición Submarina/ Seals. Este segundo módulo dura siete meses, y desafía al cuerpo y a la mente hasta el extremo absoluto. Un soldado hecho para este tipo de trabajo debe tener autodisciplina y control en el campo de batalla. Los Seals necesitan tener una autodisciplina sobresaliente para adherirse al plan de acción, especialmente cuando los escenarios son amenazantes y sus vidas están en peligro. Los escenarios en los que se encuentran los Seals en todos los rincones del mundo son, como mínimo, desconcertantes, e inequívocamente peligrosos en el peor de los casos. Al iniciar su entrenamiento, los Seals son introducidos con el mantra de "Ponte cómodo sintiéndote incómodo". Esto se relaciona con las dificultades de estar muy incómodo por largos períodos de tiempo. Los Seals se verán obligados a estar en contacto con agua terriblemente fría durante un día entero mientras se someten a un entrenamiento con armas o a una carrera de obstáculos. El significado detrás de la cita es acostumbrarse a sentirse incómodo, ya que mejorará su capacidad para superar a las fuerzas opuestas cuando la situación se presente. En este momento de tu vida, este nivel de autocontrol probablemente parece un poco extremo, ya que la mayoría de la gente simplemente no tiene la fuerza, la devoción o la perseverancia a un nivel tan intenso.

Esto no significa, sin embargo, que usted no tenga la capacidad de ser auto-disciplinado. Independientemente de lo que desee lograr en la vida o de lo lejos que parezcan esos objetivos, usted tiene un potencial increíble, siempre y cuando esté preparado para dejar de postergar y realmente concentrarse y dedicarse. Naturalmente, nadie tiene las cualidades necesarias para ser un Seal de la Marina; todos estos soldados crecen como niños normales. De hecho, muchos Seals se alistan en las fuerzas armadas sin pensar que alcanzarían una posición tan exclusiva. Así que, si ellos no tienen inherentemente estas características, ¿cómo pueden llegar a ser lo suficientemente auto-disciplinados como para estar en una posición tan difícil? La respuesta es fácil: la adquieren, usando las mismas tácticas básicas que usted puede usar para llegar a ser más auto controlado en su propia vida.

Todo el mundo tiene deseos y objetivos, y para los Seals, esos objetivos son muy explícitos y concentrados. Por ejemplo, los Sealspueden ser requeridos para conquistar un establecimiento enemigo, o para salvar a alguien que ha sido capturado por el enemigo. Sus asignaciones tienen propósitos precisos, y los Seals operan juntos como un todo para lograr esos propósitos de la manera más segura posible. En su vida diaria, los objetivos a los que aspira pueden no ser tan intrincados; por ejemplo, su objetivo podría ser ganar más dinero, ganar más tiempo para sus seres queridos, perder peso, etc. Aunque no se comparen con las intensas y detalladas misiones de los Seals de la Marina, todas sus metas significan mucho para usted. Al fin y al cabo, el objetivo en sí no es relevante, porque la necesidad de autocontrol es universal para todos ellos. Mientras que usted puede construir una estrategia para lograr esos objetivos, es eventualmente su tenaz autocontrol el que decidirá si tiene éxito o no.

Hay otro mantra por el que viven los Seals de la Marina, que es "Ningún plan sobrevive al primer contacto con el enemigo". La idea detrás de esta cita es que es casi inevitable que su primer plan de acción no se desarrolle exactamente de la manera que usted había planeado. Siempre tenga un plan B preparado y póngalo en práctica tan pronto como el primero falle. Si quieres alcanzar sus objetivos, sin importar cuán grandes o pequeños sean, es necesario tener el control y la organización para realizarlos, además de la ingeniosidad para aclimatarse a las variables que le rodean. Recurrir al método de acción de los Seals es un gran bosquejo para ponerte en el camino de sacar el máximo provecho de su vida.

CAPÍTULO 1 - Cultivar un sentido innato de la auto-atención.

El famoso filósofo griego Platón dijo que "la primera y mejor victoria es conquistarse a uno mismo". Esta cita está muy relacionada con el logro del autocontrol. El conflicto más difícil que encontrarás en tu vida es el de tu propio yo. Usted es el único que puede evitar que haga cosas asombrosas, por lo que debe ser consciente de cómo permitir que tanto su mente como su cuerpo cooperen para ayudarlo a llegar allí. El hecho es que muchas personas tienen el potencial de ser capaces de lograr lo que sea que quieran hacer, pero muchas de estas personas en realidad se inhiben de hacerlo. Los Seals de la Marina enfrentan enemigos y obstáculos de manera regular, algunos de los cuales son predecibles y otros no. A pesar de que no pueden regular todo lo que van a encontrar, siempre se resuelven a no interponerse en su propio camino. Con la receta del entrenamiento y la disciplina, los Seals están listos para asumir cualquier cosa antes de que se enfrenten a ella. Ellos entran en cada situación con el éxito en sus mentes, y usted debe adoptar esta mentalidad para lograr sus propias metas. Comenzar en un camino para trabajar hacia una meta que va a ser un esfuerzo molesto e ineficaz hasta que seas capaz de darse cuenta de cómo se estás frenando a sí mismo. Una vez que se haya dado cuenta de estos obstáculos, puede trabajar para eliminarlos, para que pueda lograr sus objetivos con éxito.

Vea el destino frente a usted.

Nunca se puede llegar a un destino si no se sabe dónde está, al igual que nunca se puede llegar a un objetivo si no se define. Antes de que pueda adoptar una actitud similar a la de los Seals de la Marina, para encaminarse hacia el éxito, primero necesita identificar qué es exactamente lo que está buscando. Puedes verlo como si estuvieras dibujando un mapa: puede que sepas dónde se encuentras actualmente, pero no puedes trazar una ruta hasta que se haya definido el destino. Una vez que sepa adónde vas, puedes empezar a trazar una ruta que le lleve hasta allí. Dependiendo de sus circunstancias actuales y de sus ambiciones para el futuro, la lista precisa de sus objetivos puede variar en su forma. A continuación, se presentan dos de los objetivos más comunes que las personas se proponen a sí mismas, los cuales requieren autocontrol y esfuerzo para hacerlos realidad.

Obtener más dinero.

Casi todo el mundo quiere tener más dinero, pero no va a suceder sólo por desear que suceda. Usted necesita establecer una meta con una cantidad específica de dinero que desea adquirir para que pueda hacer los hitos para alcanzarla. Si usted no tiene un número exacto en mente para lo que quiere traer en el transcurso de un año, podría terminar trabajando en un trabajo que no le dará la oportunidad de lograr esa cantidad de dinero. Por ejemplo, si usted establece una meta de $100,000 al año en ingresos, puede usarla como base para todas sus decisiones futuras relacionadas con su carrera. También recuerde que su meta puede ser lo que usted quiera que sea, así que no tenga miedo de poner el listón alto y trabajar por ello.

Ponerse en forma.

Ponerse en forma y perder peso es una molestia muy común que las personas enfrentan, y definitivamente es un área que requiere mucho autocontrol y esfuerzo. Los Seals también tienen un estándar físico extremadamente alto que necesitan cumplir para tener éxito en su campo, pero están mejor capacitados para lograrlo debido a la misma mentalidad que aplican a todo lo demás en sus vidas. Para comenzar el alcanzar sus metas físicas, primero debe tener en mente un peso específico, así como una fecha límite para alcanzarlo, de manera similar al ejemplo anterior de ganar más dinero. Por ejemplo, usted podría tratar de perder 50 libras dentro de diez meses. Aunque a primera vista esto puede parecer una hazaña, si se descompone, sólo pesa cinco libras al mes. Usted puede usarlos como hitos y adoptar los hábitos necesarios para perder esas cinco libras hasta que finalmente haya alcanzado su meta final.

Los ejemplos anteriores son sólo dos de los muchos a los que puedes llegar cuando se dedica a permanecer firme hasta que llegues a la meta. La actitud del Seal puede ayudarle a moverse desde su posición actual hasta el destino que ve frente a usted. Los Seals nunca dejan de trabajar para alcanzar sus objetivos cuando surgen dificultades; por el contrario, tienen en cuenta los posibles cambios en el plan y se ajustan cuando es necesario. También debe tener siempre un plan de respaldo en caso de que las cosas no salgan como usted esperaba originalmente.

El impulso es crucial.

El impulso, o resolución, es un componente esencial de estar en control de uno mismo. Si no tienes una razón para hacer lo que estás haciendo, entonces no hay motivación para hacerlo, simple y llanamente. Los Seals se adhieren a esta actitud muy estrictamente. Cada vez que tienen una tarea, hay una meta exacta que necesita ser alcanzada. Tienen fe en esa tarea porque están completamente dedicados a preservar su nación. Sin ese compromiso, sería imposible ponerse en situaciones tan difíciles. Los Seals de la Marina están impulsados por el orgullo y la reverencia por su país. En su propia vida, usted necesita determinar cuál es su razón para establecer y perseguir sus metas. Si no tienes un propósito, estás dejando pasar la vida. Esta es otra razón por la que tener ambiciones es tan vital. Los objetivos comunes como ponerse en forma o ganar más dinero no sólo son tan populares porque son universales, sino también

porque los beneficios son claros. Mejorar tu físico puede mejorar tu salud, permitirte disfrutar de más actividades, hacerte más atractivo para otras personas, y mucho más. El traer más ingresos puede darle a usted y a sus seres queridos una vida mejor, brindarle seguridad para el futuro, participar en más actividades, etc. Hay una montaña de incentivos que vienen con ponerse en forma o traer más dinero. Para lograr sus objetivos, sean los que sean, lo primero que debe hacer es determinar por qué quiere alcanzarlos en primer lugar. Tal vez se sienta estancado, quiera contribuir más al bienestar de su familia o su salud esté en peligro. El autocontrol va a ser inalcanzable hasta que entienda exactamente por qué quiere lograrlo. Una vez que su motivo está definido y lo ve ante sí, puedes ponerse en marcha para alcanzar sus metas.
No se rinda.

El entrenamiento básico de los Seals de Demolición Submarina (BUD/S) tiene un componente especial llamado "Semana del Infierno". La Semana del Infierno se celebra en la tercera semana de la Primera Fase del curso de formación de siete meses, y tiene una duración de cinco días y medio. Consiste en que los candidatos a Seals pasen por un entrenamiento operativo húmedo, frío y cruelmente duro con menos de cuatro horas para dormir. Este entrenamiento es infame por ser el más arduo de las Fuerzas Armadas de los Estados Unidos. Desafía los límites máximos de resistencia física, resistencia mental, dolor extremo, temperaturas bajo cero, mentalidad, cooperación con otros reclutas, y la capacidad de actuar bajo un inmenso estrés físico y mental, además de la privación grave del descanso al dormir. Durante este entrenamiento, los reclutas comerán hasta 7,000 calorías al día y aun así perderán peso.

El régimen de entrenamiento para convertirse en un Seal de la Marina puede sonar increíblemente intimidante, pero hay una cosa que puede hacer o romper todo el proceso: hacer sonar la campana. Tocar la campana durante el entrenamiento es la señal de que uno se ha rendido. Una vez que resuelven que no pueden manejarlo más y que es una hazaña imposible, tan pronto como tocan la campana, son descalificados. Las 500 yardas de natación, las cuatro millas de carrera y las series de cientos de flexiones ya no están en su agenda. Aunque proporciona alivio inmediato, es la decisión final que su meta de convertirse en un Seals de la Marina no se cumplirá. A pesar de que tomaron la iniciativa de intentar llegar hasta aquí, el poco alivio que proporciona el toque de la campana,también viene con la decepción por el fracaso. Por cada día que no tocan la campana, están un día más cerca de lograr su objetivo y un paso más hacia el éxito. Es una señal de resiliencia y perseverancia y la negativa a rendirse incluso cuando se enfrentan a desafíos. La actitud de los Seals de la Marina es superar la tentación de rendirse ante el fracaso una y otra vez. Aun así, es obvio que no es una hazaña fácil, ya que el 80% de los candidatos de los Seals no logran pasar el entrenamiento de BUD/S.

Probablemente no se enfrentará a un entrenamiento físico o mental tan cruel como el de los Seals con el entrenamiento BUD/S, pero aun así puede quitarle un gran mensaje a la idea de tocar la campana. Resuelve no tocar nunca la campana en tu vida diaria. No sé de por vencido y privarse de las metas que tanto desea alcanzar. No tome el camino fácil y obtén grandes recompensas. Recuerde que usted es su mayor obstáculo, y al final del día, la mayoría de los fracasos serán su propia responsabilidad. Los candidatos a Seals tienen oficiales de alto rango para mantenerlos bajo control y en línea para llegar hasta el final, pero esta es una ventaja que la mayoría de nosotros no tenemos disponible regularmente. En su lugar, usted necesita mantenerse decidido y motivado para sacar el máximo provecho de su potencial. Si usted quiere dar cuenta de cualquier cosa que se proponga, debes recordar que nunca debes tocar la campana.

CAPÍTULO 2 - Principios cognitivos - Usted es sus hábitos.

De todos los órganos del cuerpo, el cerebro es el más complejo. Está ocupado en cada momento de cada día. Por ejemplo, incluso el simple hecho de caminar requiere innumerables cálculos, y también debe tomar decisiones complejas y críticas en tiempo real. El cerebro toma estas decisiones interconectadas por millones cada día, y es una de nuestras mejores herramientas biológicas. A pesar de ello, sabemos muy poco al respecto.

Una certeza es que las personas pueden desarrollar los hábitos y patrones que guían su vida diaria gracias a su cerebro. El cerebro hace todo lo posible para optimizar los comportamientos diarios, pero a veces estos atajos no siempre son buenos. El cerebro pasa por varios procesos diferentes para crear un hábito e integrarlo en la vida diaria.

Ahora, veremos lo que significa cognición y cómo la bioquímica impacta el comportamiento. La cognición se define como la capacidad de una persona para comprender y aprender. El nivel de cognición de una persona se decide por la forma en que funciona su cerebro y cómo lo condiciona.

La ciencia cognitiva es un gran campo que estudia tanto la psicología cognitiva desde una perspectiva humana como la informática del aprendizaje artificial. Comparea los dos para entender la diferencia entre cómo funcionan las máquinas y las mentes humanas. Puede parecer una comparación injusta, pero en realidad demuestra cuán eficiente y funcional puede ser el cerebro humano. La cognición se define como el estudio de las formas en que nuestro cerebro percibe y luego representa la información. Estudia cómo funciona el cerebro y utiliza la información.

La neuropsicología es un campo que estudia la relación entre cognición y aprendizaje. Los psicólogos han estudiado neurología durante décadas y el tema ha sido de interés durante años. Personas como Pavlov, John Watson y BF Skinner han presentado teorías sobre cómo funciona el cerebro humano. Vamos a echar un vistazo rápido a sus primeras teorías para que podamos tener una mejor comprensión de cómo funcionan nuestras mentes.

Pavlov.

Pavlov sentó las bases para el acondicionamiento clásico. Esta teoría está orientada al comportamiento y se centra en cómo los animales, como los humanos responden, voluntariamente o no, a los estímulos externos. Pavlov llevó a cabo experimentos con su perro mascota para probar la teoría. Sabía que los perros salivaban incondicionalmente cuando se les daba un tazón de comida y ya estaban programados para esa respuesta en particular. Pavlov decidió que su perro asociara un estímulo externo diferente con el de la salivación, así que hizo sonar una campana mientras le daba la comida al perro. Esta campana fue llamada el "estímulo neutro".

En menos de una semana después, el perro salivó al escuchar sonar la campana, incluso cuando no había comida presente. El perro había asociado la campana con el tazón de comida, y comenzó a salivar cuando escuchó el sonido. John Watson también demostró que la misma teoría se aplica al cerebro humano.

John Watson.

John Watson utilizó las ideas de Pavlov para explicar cómo la gente puede usar la asociación para aprender nuevos comportamientos. El acondicionamiento clásico se descompone en tres etapas que vamos a examinar detenidamente y analizar antes de unirlas en un solo concepto.

Pre-acondicionamiento.

Esta es la primera etapa del

acondicionamiento clásico, y es cuando una persona experimenta un estímulo externo y luego responde a él sin pensarlo mucho o en absoluto. Su respuesta es natural y espontánea, no algo que haya aprendido. Por ejemplo, recibir un olor a rosa hará que alguien se sienta feliz - es una reacción automática, también conocida como un estímulo incondicional.

Durante el acondicionamiento.

Esta es la segunda etapa del acondicionamiento clásico, cuando el estímulo incondicional se convierte en un estímulo condicionado. El cerebro encuentra algo que ya conoce y establece una conexión. Por ejemplo, un olor familiar puede asociarse con algo nuevo, como una persona o un objeto. Esta no es una reacción espontánea o natural; es una reacción aprendida.

Después del acondicionamiento.

Esta es la tercera y última etapa del

acondicionamiento, cuando el cerebro asocia una parte de su conocimiento y responde al estímulo externo en consecuencia. Por ejemplo, alguien que usa fragancia perfumada como rosas será visto como atractivo, lo cual es una respuesta aprendida y una habilidad.

A estas alturas, probablemente ya se habrá dado cuenta de que el entorno y el aprendizaje de una persona están conectados con el acondicionamiento clásico. Esta teoría ha sido generalmente aceptada, pero algunos psicólogos creen que no proporciona una comprensión completa de cómo el cerebro de una persona conecta un estímulo a una respuesta. BF Skinner presentó una teoría alternativa.

BF Skinner.

Este hombre es visto universalmente como el fundador del acondicionamiento operante. Sus experimentos diferenciaron intencionalmente entre los comportamientos que se extinguieron y los que se reforzaron. Los comportamientos reforzados ocurrieron muchas veces y fueron realmente conducidos al cerebro del sujeto. Los siguientes tres métodos pueden utilizarse para reforzar los hábitos.

El refuerzo positivo.

Esto es cuando una mente está condicionada a aprender un hábito usando la acción básica. Skinner colocó ratas en una caja con una palanca dentro. Cuando las ratas empujaron la palanca accidentalmente, soltaron la comida, que cayó en un tazón. Pronto, las ratas aprendieron a empujar la palanca intencionalmente para conseguir el alimento. Fueron condicionadas a realizar ese comportamiento de empujar la palanca gracias a una recompensa positiva.

El refuerzo negativo.

Esto es cuando una mente está condicionada a aprender un hábito usando un resultado negativo si la acción no se completa. Por ejemplo, si a un niño se le obligaba a pagar $2 si no terminaba de comer sus verduras, siempre terminaba su brócoli para poder quedarse con su dinero.

El castigo.

El castigo es diferente porque detiene un hábito en lugar de iniciarlo. Una simple causa y efecto puede llevar a una persona a dejar un hábito. Por ejemplo, digamos que un niño tiene que quedarse dentro del salón durante el recreo si habla en clase. Pronto, el niño estará condicionado a permanecer callado en clase porque quiere evitar quedarse atrapado dentro. De acuerdo con esta teoría, un hábito puede comenzar de dos maneras diferentes y luego terminar en una.

El punto de vista moderno.

Hoy en día, vemos la neuropsicología basada en el aprendizaje mediante la diversificación de intereses y el desarrollo de hábitos. Esto comenzó cuando empezamos a entender cómo las personas pueden mejorar su cognición cuando aprenden un nuevo idioma. En los tiempos actuales, muchos cursos militares y académicos incluyen partes de idiomas para ayudar a las personas a aumentar su capacidad cognitiva.

Que la gente esté de acuerdo en que, aunque los condicionamientos clásicos y operantes eran un buen punto de partida cuando se trataba de entender los fundamentos del aprendizaje, no son tan relevantes en el mundo de hoy. Por ejemplo, digamos que alguien creció sin haber probado o ni siquiera visto una barra de chocolate. Como adultos no se sentirían atraídos por él ni por su sabor, por lo que es evidente que los entornos no siempre provocan una reacción natural. A pesar de ello, es importante que las personas continúen aprendiendo en su vida diaria, lo que sólo ocurre si una persona hace un esfuerzo consciente para ampliar sus habilidades benéficas. Enfatiza la importancia de experimentar muchas cosas durante la vida y luego aprender de ellas.

Tanto el acondicionamiento clásico como el operante muestran las partes más básicas y tempranas de los principios cognitivos, que forman la base de nuestra comprensión del proceso de aprendizaje y comportamiento humano. Naturalmente, estos comportamientos aprendidos pueden convertirse en hábitos y rutinas que se utilizan en la vida diaria. Los hábitos son la pieza más prominente en la construcción de la autodisciplina, y a continuación discutiremos esto.

CAPÍTULO 3 - Formando hábitos

Es bastante obvio que las rutinas y hábitos diarios de una persona determinan su éxito y productividad en la vida. Los buenos hábitos son extremadamente importantes, pero sólo los viejos y sencillos hábitos pueden hacer que una persona persista hasta que alcance su meta o que permanezca estancada en su lugar actual.

El ABC de los hábitos.

Aquí vamos a ver el ABC de los hábitos, que son antecedentes, luego comportamiento y luego consecuencias. Al principio se basaban en el modelo cognitivo de Skinner, y ahora son los tres pasos necesarios para desarrollar un hábito. Vamos a entrar en más detalles sobre ellos.

Los antecedentes.

Los antecedentes son los estímulos que desencadenan una reacción o comportamiento. Son circunstancias o situaciones que llevan a una persona a comportarse de cierta manera. Ellos deciden qué comportamiento ocurrirá porque hacen que ocurra automáticamente. Básicamente, los antecedentes se definen como las situaciones o personas que causan un comportamiento o reacción específica, y son la base de nuestros hábitos. Echemos un vistazo a por qué son tan importantes:

• Los antecedentes son herramientas útiles cuando se trata de entender y modificar comportamientos. Son la clave para averiguar cómo alguien actuará en una situación.

• Los antecedentes también nos pueden decir si la reacción de la persona se produjo a través del castigo o del refuerzo positivo.

Este conocimiento puede ayudar a predecir su comportamiento en el futuro, pero para determinar el cómo y el cuándo del desarrollo de un hábito es necesario hacer algunas preguntas:

- ¿De dónde proviene el comportamiento?
- ¿Cuándo ocurre?
- ¿Qué individuos parecen hacer que ocurra?
- ¿Qué palabras o frases parecen hacer que ocurra?
- ¿Hay algo más que se pueda usar para prevenir el comportamiento?
- ¿Qué comportamientos ocurren de antemano?

Una vez que haya contestado estas preguntas, hay algunos pasos más que dar. Es bastante fácil llegar al comportamiento deseado manipulando los antecedentes. Primero, establezca un ambiente que desencadene el comportamiento deseado, lo cual le ayudará a hacerlo obvio. Por ejemplo, para muchas personas, un gimnasio en casa les motivará a hacer ejercicio con más frecuencia y alcanzar sus objetivos de salud y estado físico, tales como aumentar su capacidad cardiovascular o fuerza o alcanzar un peso corporal ideal.

Luego, el ambiente necesita ser configurado de una manera visualmente estimulante que fomente el comportamiento deseado. Para continuar con el ejemplo del gimnasio en casa, diga que fue colocado en algún lugar por donde la persona pasa frecuentemente. Luego, el esfuerzo requerido para llevar a cabo la conducta deseada debe ser disminuido, haciendo que la persona tenga más probabilidades de llevar a cabo la conducta deseada. Por ejemplo, si alguien está tratando de llevar una dieta más saludable, el hacer las compras con anticipación y decidir sobre un menú lo motivará a cocinar más tarde.

El comportamiento.

El comportamiento es la segunda parte para hacer que un hábito sea permanente. Es la respuesta provocada por el estímulo, un intento de la persona de lograr un deseo y evitar resultados desfavorables. El comportamiento siempre se aprende, cualquier respuesta que no se haya aprendido no se clasifica como comportamiento.

El comportamiento es observable. Muestra lo que sucede en la mente de alguien, y es visible para los demás. Por ejemplo, alguien que está enojado probablemente tendrá una expresión facial o reacción física que lo muestre. Este comportamiento no es constante y cambia de persona a persona porque se basa en el comportamiento que han aprendido personalmente al observar a otros a lo largo de sus vidas.

El comportamiento también puede ser medido. Básicamente, esto significa que alguien más puede mirar el comportamiento de otra persona y luego describirlo. Por ejemplo, alguien podría ver a otra persona diciendo y describiendo sus resfriados y lágrimas. Su comportamiento puede ser cambiado para producir un buen resultado, pero eso implica el siguiente paso del proceso.

La consecuencia.

Una consecuencia es el resultado de un comportamiento en particular, y usted podría describirlo como la reacción del ambiente al comportamiento. La consecuencia ocurre debido al comportamiento. Por ejemplo, digamos que una persona enojada tira un jarrón al suelo - obviamente se romperá y tendrá que limpiarlo. La consecuencia se puede medir igual que el comportamiento, todo lo que necesitas hacer es mirar la señal, la rutina y la recompensa. Esto se utiliza para dejar atrás viejos hábitos y comenzar otros nuevos, y es un enfoque bastante simple. Primero debes entender las claves, luego debes seguir una rutina y luego debes usar la recompensa.

La clave aquí es mantener los resultados deseados iguales, pero cambiar el antecedente y la recompensa. Esto hará que el comportamiento cambie de inmediato. Veamos un ejemplo: Digamos que usted ha decidido que desea adquirir un pasatiempo que reescriba una cierta cantidad de habilidades, pero el comprar algunos libros sobre el tema no le ha ayudado en absoluto. Tal vez en su lugar, trate de inscribirse en una clase en línea y encuentre el éxito. También puede cambiar la recompensa para cambiar el comportamiento: Digamos que está luchando en estudiar para un examen competitivo, y decide recompensarse con un nuevo par de zapatos o una cena fuera después. Ambos sirven como motivadores para que usted estudie duro y haga lo mejor que pueda, y colocar hitos a lo largo de su camino hacia la meta principal es una buena idea.

La planeación.

Este es el siguiente paso, donde usted traza sus antecedentes y sus recompensas de antemano. Esto requiere conocimiento de lo que causa ciertos comportamientos, y qué tipo de recompensa puede alentar este comportamiento ideal. Elabore un horario para que pueda planificar en consecuencia, ya que esto le permitirá alcanzar sus objetivos de una manera ordenada.

El refuerzo positivo.

Luego, piense en el refuerzo positivo. Esto es cuando usa una recompensa positiva para cambiar los hábitos. La recompensa debe ser muy necesaria para que sirva de motivación para invertir tiempo y esfuerzo. Por ejemplo, si su objetivo es preparar comidas saludables, el comprar sólo alimentos saludables para su cocina le ayudará.

El refuerzo negativo.

Hemos discutido el refuerzo positivo, pero muchas personas son más sensibles al refuerzo negativo. Esto es cuando la gente realiza tareas para evitar un resultado indeseable o negativo. Por ejemplo, digamos que usted gasta mucho dinero en un par de jeans que son demasiado pequeños para usted. Esto lo motivaría a tomar mejores decisiones en la vida, perder algo de peso y poder usar los pantalones.

La evaluación.

Asegúrese de evaluarse su avance ocasionalmentea sí mismo. Es la única manera de asegurarse de que está progresando de una manera oportuna. Compruebe con usted mismo y asegúrese de que va en la dirección correcta. Sus hábitos sólo permanecerán en su vida si mirando hacia atrás en lo que ha avanzado y lo usa como inspiración para sus esfuerzos futuros.

CAPÍTULO 4 - El código mental en el cual viven los Seals.

En todos los aspectos de la vida, tu disposición mental tiene un impacto inmediato en sus acciones. Si puedes controlar sus pensamientos, sus acciones seguirán. Aunque muchas personas ya lo saben, es un hecho importante de recordar. Si puedes ganar la habilidad de controlar sus pensamientos positivos o negativos, entonces puedes controlar sus acciones corporales. Aquellos que tienen una perspectiva negativa tendrán a su vez experiencias negativas a lo largo del día. Los individuos que son capaces de mantener una perspectiva positiva en la vida, típicamente tienen un día positivo. El mundo está en constante cambio y cada día está lleno de muchas experiencias diferentes. Ser capaz de ver positivamente estas experiencias le ayudará a vivirlas de la manera más positiva posible. Los Seals tienen la ardua tarea de ir siempre en contra de lo que su cuerpo les dice que hagan. Si han estado en el agua y están comenzando a perder la temperatura corporal central, es probable que su cuerpo envíe señales para evitar el agua. Estas señales son cosas como temblores, la piel se torna azul, castañeteo de dientes, pero los Seals deben anteponer la mente al cuerpo y perseverar. Si la tarea es volver al agua y salvar a alguien, necesitan poner su meta y objetivo antes de lo que su cuerpo les está diciendo. Es crucial para estos individuos ser capaces de poner la mente en primer lugar en estas situaciones difíciles. Parte del entrenamiento de los Seals consiste en aprender a concentrarse sólo en la tarea inmediata y evitar cualquier otro pensamiento que distraiga. Para estos individuos, la labor más difícil es continuar trabajando en situaciones intensas y severas. Aprender a anteponer sus objetivos a la comodidad física es una habilidad crucial de cualquier Seal. Por supuesto, el aspecto físico del trabajo también es importante, pero lo físico no significa nada si la mente no puede controlar el cuerpo. A continuación, se presentan algunos de los métodos de preparación mental utilizados por los Seals para lograr la perspectiva mental adecuada para el trabajo.

Comprendiendo que la batalla ya ha terminado.

Los Seals no se centran simplemente en si serán capaces de completar una tarea, sino en cuándo tendrán éxito. El primer paso de esta preparación mental, es posicionar la mente para entender que el resultado final será el éxito y que no hay "si es que". El comenzar la misión con una imagen de éxito en mente ayudará al poder de los Seals a superar la situación. Cuando los Seals entiendan cómo será el éxito, podrán continuar planificando el cómo lograrlo. Esto conduce a un proceso de reflexión sobre cada uno de los pasos del camino y sobre cómo será el plan de acción. Entrar en una situación severa con el entendimiento de que tendrán éxito, ayuda al soldado con el empuje y la determinación que necesita. Si los "Seals" empiezan a temer la situación, también empezarán a dudar de si pueden tener éxito. Este tipo de pensamiento conducirá al fracaso, ya que el soldado pierde la compostura y la dirección mental. Los Seals entienden que hasta la más mínima duda arruinará la misión. Este nivel de confianza parece un poco arrogante, pero es necesario para esta carrera en particular. Compárese con la mentalidad de los Seals. ¿Es capaz de establecer una meta y dejar a un lado todos los pensamientos que le distraen? ¿Alguna vez deja que los pensamientos negativos interfieran con su éxito? Piense en sus logros más exitosos. ¿Entró en estas situaciones con una visualización de éxito o fracaso?

El discurso motivacional que impulsa a los Seals.

Un Seal preparado tendrá una lista de conversaciones positivas para guiarlos en situaciones difíciles. Al tener un almacén mental de afirmaciones positivas, podrán superar incluso las situaciones más difíciles. Es parte de la naturaleza humana dudar de uno mismo, es importante entender que estas emociones son naturales, pero también es necesario entender que hay que superar estos pensamientos negativos. Cuando un Seal comienza a sentir hasta la más mínima duda, debe enfrentarse a ella y dejarla atrás. No hay tiempo para cuestionarse a sí mismo en una misión. Hay dos frases principales en los Seals: que "no dejas a nadie atrás" y que "el fracaso no es una opción".

Para que los Seals salgan de una misión, es crítico que entren en una situación con la meta mental de terminar la misión como equipo. No dejar atrás a nadie ayuda a las Seals a trabajar juntos en una situación, entendiendo que siempre se apoyarán mutuamente. El fracaso no es una opción, es una posición mental que mantiene a los Seals en marcha, les da la fuerza necesaria para superar las situaciones más difíciles. Cuando un Seal entra en una situación con estos mantras en mente, puede tener éxito en la misión. Se ha demostrado que la preparación mental es una de las fuerzas impulsoras más importantes del éxito de una misión. Aunque estos mantras pueden ayudar a los Seals, también pueden ayudar a una persona común y corriente. Tal vez no vayas al supermercado con la idea de "no dejar a nadie atrás", pero en muchas situaciones estas afirmaciones positivas pueden ayudarte a tener éxito. Cuando juega un partido duro de fútbol, un atleta debe pensar que "fracasar no es una opción". Estos métodos mentales ayudan a la gente a tener éxito en sus objetivos, este material no es sólo para las Seals. Si le cuesta trabajo decirte a ti mismo estas afirmaciones positivas, escríbelas en un lugar donde puedas verlas a menudo. El recordatorio visual funciona igual de bien.

Situaciones difíciles conducen al crecimiento personal.

Nadie nunca dijo que el trabajo de un Seals fuera fácil. LosSeals tienen éxito porque han sido probados y comprobados. El crecimiento personal ocurre cuando se enfrenta a una situación difícil y se superan los retos que se presentan. Si no se enfrenta a desafíos, no sabrá hasta dónde puede llegar. Una persona motivada tendrá un estado de ánimo muy disciplinado, siempre anhelando los desafíos que debe superar y con los que tiene un crecimiento. Cuando se sientas deprimido, recuerda que estos retos diarios le llevarán a un gran crecimiento personal.

Los mantras de los Seals.

Los Seals son una división seria y dura de la Marina. Este sector recibe tantos voluntarios que el proceso de selección es altamente competitivo. El trabajo duro es el primer paso para convertirse en un Seal de la Marina, pero la presión y los desafíos continuos hacen que el trabajo sea casi imposible para la persona promedio. Cada día, un Seal de la Marina pone a prueba sus límites. El trabajo de los Seals consiste en presionarse a sí mismos hasta el punto de quiebre, posicionar su estado de ánimo y superar una situación. Durante el proceso de entrenamiento, los Seals son repetidamente presionados más y más fuerte, hasta que la persona no puede aguantar más y termina renunciando. Este proceso es necesario para ayudar a separar a los solicitantes más fuertes de los más débiles. Si una persona fracasa en el proceso de entrenamiento, no hay manera de que tenga el poder mental necesario para llevar a cabo una misión real. La mayoría de los solicitantes fracasarán en el proceso de selección para convertirse en Seals.

La parte importante de este proceso, es entender cuáles son los atributos que tienen los candidatos que son exitosos. ¿Qué hizo que la persona tuviera éxito? ¿Cómo se prepararon para este proceso? Los mantras mentales repetidos por el individuo los hacen exitosos. Cuando el entrenador le grita, le grita por la espalda que ya no puedes más, los candidatos más fuertes gritan por dentro: "El fracaso no es una opción" o "Nunca me rendiré". La repetición de mantras positivos le dará al solicitante el poder mental necesario para superar una situación difícil. Ya sea que esté tratando de unirse a un equipo de soldados de élite, o simplemente tratando de sobrevivir en su vida diaria, encontrará dificultades que necesitará ser capaz de superar. Nadie llegó a ningún lado dejando que la derrota los aplastara. Dígase a sí mismo que puede, y será capaz de ir más allá de lo que nunca pensó que fuera posible.

La forma común de vida (Ethos) de losSeals.

En las situaciones más difíciles de guerra y disturbios, hay un tipo particular de soldado con el poder de ayudar a nuestro país. Una persona con la incapacidad de dejar que el fracaso tome el control. Estas personas se unen para crear el grupo de soldados más fuertes del país, los Seals de la Marina. Un Seal lleva un tridente. El tridente representa la herencia y el honor, dos rasgos que se encuentran en el corazón de cada Seal. El Tridente representa a los soldados del pasado junto a los individuos que los Seals están dispuestas a proteger. Un soldado que lleva el tridente ha aceptado esta forma de vida, esta misión de tener siempre éxito y seguir adelante. Este símbolo muestra la lealtad a esta nación y al equipo de soldados que los rodea. Fue un honor y un privilegio llegar al punto de convertirme en un Seal, y con eso, viene una gran responsabilidad. Esta capacidad de ser un "Seal" debe ser peleada y probada todos los días. El trabajo de los "Seals" es especial, para proteger a una nación de gente que no puede protegerse a sí misma. Luchar en casa y en el extranjero por los derechos y privilegios de los que están en casa. Los Seals no se jactan del trabajo que hacen. No buscan aprobación y notoriedad. Los voluntarios a tener un lugar como Seal. Ellos entienden las dificultades que presenta la carrera. La capacidad de poner a su nación y a su equipo antes que a sí mismo, para enfrentarte a las situaciones más difíciles conocidas por el hombre. Es la preparación mental, el control emocional lo que hace que los Seals estén por encima y destaquen de entre sus conciudadanos. Los Seals son fiel a su palabra y se esfuerzan por tener éxito en todas y cada una de las situaciones. Cuanto más difícil sea la situación, más difícil será la lucha de las Seals. El país confía en los "Seals" para lograr la victoria, y nada se interpondrá en su camino. Cada vez que se caen, deben levantarse, nunca aceptando el fracaso. Cada vez que completamos una misión, nos hacemos más fuertes como individuos y como equipo. Nunca nos rendimos.Un Seal va a una misión como un equipo, y saldrá de cada misión como un equipo. Dependen los unos de los otros para la fuerza mental, los recursos técnicos, la fuerza y la resolución de problemas. La capacitación laboral nunca termina, cada día que pasa un Seal se hace más y más fuerte. A los Seals se les entrena para lo peor, sabiendo que serán capaz de ganar todas y cada una de las batallas. El entrenamiento recibido ayudará a un soldado a superar y luchar en cada situación. Un Seals lucha por los que han venido antes y por los que están en casa, por los hombres y mujeres que han muerto luchando y por la gente que está en casa apoyando el éxito de los Seals. Con el país confiando en ustedes, tendrán éxito.

CAPÍTULO 5 - Planifique su vida como un soldado ganador.

Es importante que se rodee de gente que le fortalezca y le dé fuerza. No permita que las emociones negativas de los demás se interpongan en el camino de su propio éxito. Las personas débiles tienden a menospreciar las fortalezas de los demás. Es importante que se separe de estos individuos si desea alcanzar el éxito. La base del éxito es comenzar con una meta. Es importante establecer metas específicas, inteligentes y difíciles. El objetivo de convertirse en un Seal de la Marina es increíble. Estos son los soldados más selectos de la Tierra y el solo hecho de ser admitidos para unirse al equipo es un honor enorme. La meta de convertirse en un Seal sólo se logrará si se realiza con estrategias específicas y directas. Ahora discutiremos la importancia de establecer objetivos inteligentes y cómo alcanzarlos. Discutiremos tres estrategias principales de establecimiento de objetivos utilizadas por los Seals que se pueden aplicar a la vida diaria.

Concentrándose en el éxito.

Una vez que haya establecido la meta, ahora debe concentrarse en las acciones específicas que serán necesarias para lograr la meta que se ha fijado. Cuando un Seal está en entrenamiento, esto puede significar que debe poner su esfuerzo mental para aprender el material que tiene a mano, o incluso a veces lograr las pruebas físicas que se requieren para ser admitido. Esencialmente, cuando usted tiene una meta a largo plazo, entonces es necesario establecer muchos mini-objetivos a lo largo del camino que le ayudarán a tener éxito en su meta principal. Por ejemplo, si desea perder 30 libras, no puede perder ese peso de la noche a la mañana. Hay que trabajar lentamente, dividir el peso en secciones y metas más pequeñas. A medida que alcanza cada mini-objetivo, le dará el poder de continuar hasta llegar a la meta final. Cada meta de referencia de 5 libras le dará el estímulo positivo que necesita para continuar hacia la meta de 30 libras. ¿Cómo se llega a las 30 libras? Usted también necesita establecer metas para la dieta y el ejercicio. En lugar de la meta general de "Estaré más saludable y perderé 30 libras", es necesario que se logren muchas metas menores antes de tener éxito. Puede ser que su meta sea hacer ejercicio 5 días esta semana y 5 días la siguiente, y tener sólo 2 días para hacer evadir su dieta. Al dividir la meta en objetivos más pequeños, es posible tener éxito.

Todos deseamos tener éxito. Todos tenemos metas. Pero es tan fácil ser arrastrado por el fracaso, que alcanzar algunas metas puede parecer casi imposible. Recuerde que debe concentrarse en los pequeños detalles que harán que su meta sea alcanzable. En lugar de decidir que esta semana comerá más saludablemente, haga una meta específica sobre su dieta. Tal vez debería ser que cada día usted no coma más de 1200 calorías y que coma suficiente proteína para que sus músculos continúen creciendo. Este tipo de objetivo es alcanzable e inteligente. Después de muchas de estos mini-objetivos, usted tendrá éxito en perder las 30 libras. Usted no puede hacerlo simplemente decidiendo que su meta es perder 30 libras, usted lo hace perfeccionando las acciones específicas que serán necesarias para que usted logre esta meta.

Una meta inteligente es mensurable, sensible al tiempo y tiene pasos específicos. Cada vez que afina las acciones necesarias para lograr su meta a largo plazo, usted se lograra la meta de un paso a la vez. Para ilustrar este ejemplo, no se puede comer una pizza entera a la vez, pero se puede comer una porción a la vez. No hay un método fácil para convertirse en un "Seal", por lo que cada mini-objetivo ayudará en el camino para convertirse en uno de los soldados más fuertes de la nación. Trace un plan de cómo logrará su meta, y el éxito será mucho más alcanzable.

Una imagen de éxito.

La gente a menudo no piensa en el hecho de imaginar el éxito como un componente vital del establecimiento de objetivos, pero es uno de los pasos más cruciales que un Sello debe dar para alcanzar su objetivo. Los atletas en todos los deportes utilizan el acto de la visualización para alcanzar sus metas. Cuando el nadador puede imaginarse a sí mismo completando la vuelta, puede moverse hacia adelante y realmente hacerlo. Los Seals piensan de la misma manera. Se imaginan una situación antes de que se encuentren con la situación real, y planean lo que van a hacer. Cuando tienen una imagen de lo que tienen que hacer ya inculcada en su mente, pueden actuar lo más rápidamente posible en el campo. Cuanto mejor sea la visualización de una situación, más real se sentirá, y entonces podrá actuar de la mejor manera posible. Volviendo a la idea de perder peso, si tienes una imagen en tu cabeza de una versión de usted que es de 30 libras más ligera, estarás más motivado para tener éxito. Imagina la ropa que usas ahora, y la ropa que podrías usar entonces. Imagínese con el traje de baño que siempre ha querido ponerse. Prueba esto. Siéntese solo en un lugar tranquilo e imagínese que pesa 30 libras menos. Imagine la vida que podría llevar. ¿Qué aspecto tendría? ¿Qué haría todos los días? ¿Qué comería? En sólo cinco minutos, usted debería ser capaz de imaginar una gran cantidad de situaciones diferentes con su nuevo cuerpo. Ahora ya sabe cuál será su recompensa por todo el trabajo duro que va a realizar.

Del mismo modo, imagínese con un nuevo trabajo. ¿Cuál es el trabajo? ¿Con qué frecuencia trabaja? ¿A qué se dedica? ¿Cómo es el trabajo? ¿Es relajado o estresante? ¿Cómo será su vida con ese ingreso específico? ¿Hará más o menos? ¿Puede quedarse con su auto o puede comprar uno nuevo? A medida que se imagina a sí mismo en el nuevo rol que le gustaría tener, su deseo de alcanzar la meta se incrementará. Cuantas más imágenes pueda añadir a su visualización, mejor. Este objetivo tiene que inducirle a seguir los pasos necesarios para el éxito. Con sólo cinco minutos cada día, usted debe visualizar una meta a largo plazo para sí mismo. En los días en los que le cuesta encontrar motivación, imagina el objetivo. Imagínese a sí mismo encajando en el nuevo traje de baño cuando sienta la necesidad de comer comida chatarra. Imagínese corriendo y sintiéndose saludable y fresco cuando quiera fumar ese cigarrillo. La visualización le da el poder de impulsar y lograr los objetivos. Los Seals utilizan la visualización en cada paso del trabajo. Deben planear e imaginar cómo será el éxito para lograrlo.

Mini objetivos de suma importancia.

En todos los logros fallidos, la culpa puede recaer en el enfoque del individuo. Es muy común que una persona intente lograr la meta completa de una sola vez. La gente se vuelve impaciente y necesitada, ansiosa por alcanzar la meta final sin darse cuenta de las pequeñas metas que los llevarán al éxito. Los "Seals" están entrenados para dividir un objetivo en muchos objetivos más pequeños y alcanzables. Volviendo al escenario de la pizza, si desea comerse una pizza entera, no puede simplemente metérsela en la boca. Usted necesitará comer la pizza de a una rebanada a la vez. Tal vez puedas comer una rebanada cada diez minutos. Tal vez hayas decidido comer rebanada a rebanada hasta que estés a medio hacer, y mañana seguirás con el resto. Cada vez que usted come una rebanada, se siente más y más cerca de su meta. Estos pequeños éxitos le dan a tu cerebro una retroalimentación positiva que le da la fuerza para continuar. Aunque comerse una pizza entera puede parecer una meta tonta, este mismo enfoque se utiliza para lograr objetivos como localizar y matar a uno de los líderes malvados más famosos del mundo.

Si se enfoca en un solo paso a la vez, puede lograr casi cualquier meta. Cuanto más difícil parezca un objetivo, más miniobjetivos deberá establecer. Se requiere mucho esfuerzo y una línea de tiempo a largo plazo para poder lograr algunas metas más difíciles, pero su compromiso y visualización de la tarea completada le ayudarán en su viaje. Cada mini objetivo que conduce a un mini éxito, le ayudará a terminar la tarea más ardua.

CAPÍTULO 6 - Disciplínese para mantener hábitos positivos.

Los hábitos pueden ser otra fuerza de impulso que está detrás de los logros. Una persona exitosa tiene la habilidad de usar los hábitos para impulsarlos hacia adelante y también tiene la habilidad de soltar a los malos hábitos que los frenan. Mientras más autodeterminación pueda mantener con respecto a sus hábitos, más éxito podrá tener. Los hábitos son la piedra angular de la autodisciplina. Un Seal de la Marina, vive una vida de acciones constantes y habituales. Cuando un Seal se fija una meta, debe utilizar los hábitos diarios que ha adquirido para conducirlo hacia ella. No hay fracaso posible ante los ojos de los Seals, ya que el aspecto más importante del trabajo es lograr el objetivo. Es común pensar que un hábito se refiere a una actividad diaria, pero no siempre es así. Un hábito puede ser un rasgo de carácter, no siempre una acción diaria específica. Puede ser un hábito establecer una meta para el trabajo cada día y recompensarse a sí mismo si lo logra. Aunque su hábito puede sonar como una meta, y de alguna manera lo es, la diferencia es ésta: una meta es algo que usted se propone hacer y un hábito puede ser el lograr una meta todos los días. Por ejemplo, su meta puede ser mejorar su desempeño en el trabajo. Usted puede hacer de esto un hábito yendo al trabajo todos los días y pensando en una meta a lograr para cuando termine su día. Cuanto más habitual se vuelva en el éxito de sus metas, más realizado estará.

Hundirse o nadar.

La adaptación es un elemento crucial para la supervivencia. Esto es tan básico como entender que los dinosaurios murieron porque fueron incapaces de adaptarse al entorno cambiante. Los científicos han podido comprobar que los dinosaurios murieron porque el ambiente estaba cambiando rápidamente, específicamente la temperatura, y los dinosaurios no tenían los mecanismos necesarios para adaptarse a estos cambios. Vivir el día a día exactamente igual, no le da las herramientas necesarias para el éxito. Ya sea que su vida diaria parezca aceptable o no, es necesario continuar adaptándose y cambiando, ya que nuestro mundo está cambiando constantemente con las nuevas tecnologías y el marco político. Incluso las habilidades en las que usted está bien versado necesitan ser afinadas y refinadas a medida que las transforma el tiempo. El hecho importante a entender, es que nada permanece igual. Si eres bueno en algo hoy en día, eso es genial, pero no significa que tu forma actual de hacer algo funcionará en 30 años. Todas las cosas cambian, y la adaptación es la única manera de mantenerse al día.

Imagínate a nuestros amados Seals. ¿Cree usted que han estado utilizando los mismos métodos de entrenamiento hoy en día que cuando se creó la unidad por primera vez? ¿Cree que simplemente aceptaron que lo que saben es suficiente y que nunca necesitan aprender más? No. Especialmente con la siempre cambiante guerra química, los Seals necesitan estar actualizados en todos los últimos métodos de combate. El Enemigo siempre tratará de tener una ventaja sobre usted, por lo que necesita mantenerse en la cabeza del juego para poder sobrevivir.

Imagínese a sí mismo como un exitoso fabricante de bolsas. Haces mochilas, bolsos, maletines. Usted ha estado en la industria por 20 años y ha estado a la cabeza del mercado, porque su producto es sólido. Usa los mejores materiales hechos a mano, se tomas su tiempo y coses todo a mano. Usted puede cobrar un precio alto por cada artículo porque ha construido una reputación por su trabajo. Ahora imagine la invención de la laptop. Todos las llevan a la escuela y al trabajo. ¿Sus maletas tienen suficiente espacio para la computadora? ¿Puede su mochila transportar y proteger el portátil de forma segura? La respuesta es probablemente que no, porque nunca imaginó que esta tecnología se volviera tan común. Si decide no adaptar sus mochilas para incluir espacio para una computadora, es probable que la gente vaya a otro lugar para sus necesidades de mochilas. A pesar de que una vez tuvo un negocio próspero, y nada de su producto cambió, usted perdió totalmente su compañía y se declaró en bancarrota. Sólo porque eres bueno en una cosa no significa que las cosas no necesitan cambiar. Todo tiene que cambiar y adaptarse para sobrevivir. Los "Seals" tienen la obligación diaria de mantenerse al día en su juego. No pueden tener una visión ciega ante la nueva tecnología o táctica para la que no estaban preparados.

Ayer fue más fácil que hoy.

El concepto de que ayer fue más fácil que hoy, es un método mental comúnmente utilizado para los Seals. Lo más probable es que ayer no fuera un día fácil para los Seals, pero cuando se trata de su misión en general, sólo es más difícil seguir adelante. Mañana será más difícil y la semana que viene será mucho más difícil. Usted no puede estar constantemente buscando un día más fácil. Tiene que seguir adelante y entender que las cosas sólo van a ponerse más difíciles. Sí, la vida se vuelve más difícil a medida que avanzas, pero es tu capacidad mental para lidiar con los obstáculos que le llevarán a pasar.

Las personas más exitosas no siguen buscando un día fácil. Ellos entienden que mientras más difícil se vuelva, más duro trabajarán, más grande será la recompensa. Las personas más exitosas siempre visualizarán cómo sería más difícil. Seguro que usted es un abogado con una base sólida de clientes para los cuales puede ganar casos fácilmente, pero ¿qué pasa si usted comienza a tomar clientes más grandes y casos más grandes? ¿Cuál podría ser el resultado? La única manera de mejorar es intentar hacer cosas cada vez más difíciles. Cuando se despierte por la mañana, prepárese para un desafío. ¿Qué quieres abordar hoy? Si busca un día más fácil, se desmoronará cuando se topes con un control de carretera. Vaya a todos y cada uno de los días preparándose para el día más duro y estresante hasta ahora. Cuando se prepara para las dificultades, sólo siente un dulce alivio en un buen día, y una actitud esperada en un día duro. Nada en la vida es constante. Puedes elegir entre seguir trabajando verticalmente, hacia su meta, o luchar y caer hacia abajo, lejos de sus metas. Esencialmente, si Ayer fue más difícil que hoy, no estás haciendo lo suficiente. Sigue escalando esa montaña, sigue fijando nuevas metas. Cada cima de montaña alcanzada le ayudará en su camino hacia el éxito.

La actitud mental da poder sobre la realidad.

Obviamente, la mayoría de los logros están

emparejados con un aspecto físico. Por ejemplo, si desea utilizar más de su día, tendrá que levantarse más temprano, y eso puede hacer que se canse. Su cuerpo le dirá que necesita dormir más mostrando sus signos físicos de cansancio. Esto crea una lucha entre el cuerpo y la mente. Su mente tiene la intención de que se levante temprano y hacer algunas cosas antes del trabajo, pero su cuerpo le está diciendo que oprima el botón de dormir y que descanse más.

En última instancia, la batalla es contra su mente. Aunque estés físicamente cansado, su mente tiene el poder de decirle que se levante. Necesita concentrarse en su fuerza interior para ignorar las señales físicas que su cuerpo le está dando. Es probable que sus señales físicas no se parezcan en nada a las de los Seals de la Marina, pero sin embargo es su propia lucha mental la que le permitirá tener éxito o fracasar. El entrenamiento de los Seals tiene un componente llamado "Semana del Infierno" donde se les somete a rigurosas pruebas de fuerza física. Cuanto más diga tu cuerpo que no, más necesitarás que tu mente persevere. Si tiene en su mente el mantra "Nunca te rindas", debería ser capaz de lograr sus metas. Es a través de pruebas como esta que aprendes que, aunque la fuerza física es importante, es realmente su habilidad mental es la que lo empuja más allá de la línea de meta. No podría hacerlo sin su fuerza interior.

Mucha gente que busca convertirse en un "Seal" ya tiene los atributos físicos necesarios, pero a menudo, la gente ignora la dureza mental requerida para convertirse en un "Sail". La verdadera prueba de fuerza es puramente mental. Existe un proceso complicado para probar la capacidad mental de los solicitantes a Seals de la Marina. Este no sería el caso si no fuera de extrema importancia. Muchos solicitantes pueden correr, saltar, nadar y cualquier otra cosa que puedan necesitar para pasar por una misión, pero es su estado mental frente a la dificultad lo que los hace capaces de superar estos obstáculos. Si convertirse en un Seal se tratara de fuerza física, la prueba de ingreso sería simple. La vida es así, tirar tan lejos, correr tan rápido. El hecho de que la Marina requiera una prueba de poder mental tan elaborada, demuestra la gran importancia que tiene. ¿Qué sucede cuando su capacidad física no tiene impacto en el resultado de una situación? ¿Qué sucede cuando una decisión de fracción de segundo significa vida o muerte? Todas las situaciones a las que se enfrentan los Seals serán difíciles, pero la dureza mental los guiará a través de ellas. La Marina necesita saber que todas y cada una de los Seals tienen lo que se necesita en una situación de hacerlo o morir. Si alguien tiene una falla en el entrenamiento, simplemente no tiene lo que se necesita para convertirse en un Seal, no tendrá lo que se necesita cuando este en una misión, rodeado de disparos.

No hay vuelta atrás.

La parte de entrenamiento del proceso de los Seals es una experiencia que cambia la vida. Incluso para aquellos que no superan el entrenamiento, la experiencia de las pruebas mentales los beneficiará de por vida. Le dará a un individuo el marco apropiado para los pasos necesarios para ser la versión más fuerte de sí mismo. Después del entrenamiento, una persona nunca será la persona que era antes. Serán más fuertes, más seguros de sí mismos y estarán preparados para manejar casi cualquier situación. Esto será un gran beneficio para el resto de sus vidas.

En cuanto a aquellos que no están interesados en someterse al riguroso entrenamiento de los Seals, ese mismo tipo de fuerza mental puede ser ejercitada, mejorada. Todo el mundo tiene metas, pero no siempre pensamos en la fuerza mental que se necesita para alcanzarlas. Si quieres perder las 30 libras, y eres totalmente capaz de hacer la carrera de 20 minutos cada día, en última instancia, se le ocurrirá decidir si vas a hacer la carrera. Son más que unos pocos cambios cortos en su rutina diaria para lograr una meta, también requiere preparación mental. Esta persona que necesita perder 30 libras puede tener la visualización de sí mismos, pueden tener la capacidad física para hacer los ejercicios, pero necesitan cavar más profundo. ¿Qué lo llevó a ese peso en primer lugar? ¿Fue un mecanismo de copiado o estrés? ¿Fue porque puso su esfuerzo mental en otros lugares? Descubrir la raíz de sus problemas le ayudará a cambiarla. Incluso si esta persona es capaz de perder el peso, si no entiende la raíz del problema, volverá directamente a ellos. Si simplemente se centran en perder peso, es una solución a corto plazo. También necesitarán aprender a arreglar el aspecto mental que llevó al aumento de peso para mantenerlo a largo plazo.

Al final, todos entendemos que vivimos de la manera que lo hacemos porque es cómodo. Nuestras rutinas diarias nos han hecho felices y parecen encajar en nuestras vidas, incluso si no estamos avanzando o perdiendo peso, o haciendo una mejor versión de nosotros mismos. Es crucial entender, sin embargo, que el cambio es necesario para el éxito de cualquier persona. Lo que funciona hoy podría no funcionar mañana. Enfrentar a este demonio de la comodidad es difícil, pero tendrá grandes recompensas si le da una oportunidad. La imagen que los Seals tienen de sí mismos antes de la Semana del Infierno es completamente diferente de la versión de sí mismos que conocen hoy en día. Esa versión pasada nunca sería lo suficientemente buena, nunca lo suficientemente exitosa. El nuevo y mejorado miembro de Seals tiene lo que se necesita para realizar cualquier tarea.

El objetivo de este libro es ayudarle a darse cuenta de que estar inmóvil no funciona. No te quedes en el mismo lugar en la vida, mejor sigue adelante, haz las cosas que siempre has querido hacer. Hay esperanza y el cambio es posible. No lo olvides nunca. Sin embargo, para lograr el cambio, se necesita mucho trabajo de preparación mental. No se desanime, ya que es difícil, porque las recompensas serán tremendas. La esperanza es que usted sea capaz de cambiar para mejorar y de mirar hacia atrás a usted mismo como un extraño total.

Reduciendo sus objetivos.

La manera más fácil de lograr su objetivo es reducirlo para que sea lo más específico posible. Defina cada detalle de su objetivo y sabrá cómo lograrlo. Asegúrese de que tiene todas las mini tareas alineadas para que sea posible lograr su objetivo. Estar concentrado le permitirá eliminar conductas o ideas que lo distraigan mientras se encuentra en el camino hacia el logro. Los Seals de la Marina se concentran respirando profundamente y aguantando durante cuatro segundos, y exhalando durante cuatro segundos. Hacer esto por un minuto le ayudará a manejar el estrés y a concentrar sus energías.

No llegues tarde.

Los retrasos no le ayudan a mantener la concentración y alcanzar sus metas a tiempo. Muchas personas luchan por no llegar a los lugares tarde, pero cuando desarrollas este ciclo, empiezas un círculo negativo de ideas negativas y de auto-odio. Todas las personas PLANEAN llegar a tiempo, pero no siempre es la realidad. Empieza a planear llegar temprano, y con suerte le llevará a su destino de manera oportuna. Si se da un poco de tiempo para el tráfico, los accidentes, o quién sabe qué, será más probable que llegue a tiempo.

Prepárate para la presión.

A menudo las personas fracasan bajo presión. Cuando las cosas se ponen en movimiento, todos sus planes se van por la borda y no siempre puedes cumplir con tu tarea. Cuanto más se prepare para cualquier evento inesperado, mejor preparado estará para manejarlo. Las sorpresas siempre ocurren y nada es seguro. Cuanto más se prepare su equipo, mejor preparados estarán para el éxito. Los Seals se preparan como un equipo para todas las interrupciones potenciales. Se preparan para una pelea el doble de grande de lo que puede ser. Cuanto más preparados estén, mejor adaptados estarán. Nunca se les podrá tomar desprevenidos por un evento.

CAPÍTULO 7 –Analizando casos prácticos.

La mente humana, debido a su complejidad, ha sido naturalmente objeto de muchos estudios. Hay muchos aspectos que los investigadores encuentran interesantes, pero aquí nos centraremos en estudios de caso sobre la formación de los hábitos, cómo se desarrollan y cuánto tiempo tienden a necesitar para establecerse. Los hábitos se definen mejor como acciones que se llevan a cabo cuando alguien está en una situación conocida. Para ilustrar mejor este punto, usamos el ejemplo de una persona que entra a la sala de espera de un dentista. Una de las acciones más probables que tomarían sin pensar conscientemente es sentarse y tomar una revista o periódico para leer. Esta acción, o hábito, se debe a la conexión de la reacción de la persona en una circunstancia familiar, permitiendo el comportamiento esperado.

¿Cómo el cerebro resguarda los hábitos?

Como se dijo anteriormente, las complejidades del cerebro han llevado a muchas investigaciones. Durante mucho tiempo se ha entendido que el cerebro es capaz de realizar algunas acciones automáticamente, y los investigadores han encontrado que hay una sección del cerebro dedicada a esta formación y mantenimiento de hábitos, los ganglios basales. Se han dado casos de personas con una gran disminución de la función cerebral por daño o por virus, que ni siquiera son capaces de recordar lo que había ocurrido unos minutos antes, pudiendo seguir realizando las tareas habituales y cotidianas sin ayuda. Pudieron moverse por su casa, en un ambiente muy familiar, y pudieron realizar sus tareas diarias sin mucho ruido. Los investigadores encontraron que, para todos estos casos, el ganglio basal todavía estaba ileso, y esto permitió que la gente continuara con sus hábitos. Esta información puede llevar a algunos a pensar que cambiar o eliminar un hábito será casi imposible. Sin embargo, dado el ambiente y los estímulos adecuados, una persona puede cambiar sus hábitos con un poco de esfuerzo. La principal dificultad de cambiar hábitos es su regularidad, ya que nuestros hábitos a menudo estructuran nuestra vida cotidiana. Sin embargo, con la suficiente paciencia y dedicación, cualquier hábito puede ser cambiado o eliminado, y se pueden formar nuevos hábitos para reemplazarlos.

Engañando a su mente en desearlo.

Uno de los pasos más cruciales para formar un nuevo hábito es desarrollar un deseo relacionado con el hábito deseado. En la década de 1930, un negocio de pasta de dientes llamado Pepsodent fue capaz de motivar a más de la mitad de la población para que comenzara a hacer de la limpieza de sus dientes un hábito diario, simplemente utilizando campañas de marketing y métodos para explicar cómo, sin una limpieza regular, se formaría una película en los dientes. Esto llevó a un deseo generalizado de eliminar esta capa de película y de tener dientes blancos y brillantes, creando un hábito social que existe hasta hoy. Otro producto popular que intentó una estrategia similar fue Febreze, un desodorante. Inicialmente no despegó ya que fue lanzado como un producto para eliminar el olor, pero la mayoría de la gente, acostumbrada al olor de su propia casa, no vio la necesidad de ello. Sin embargo, cuando se comercializó como un producto de limpieza en lugar de un simple desodorante, y comenzó a vincular los olores agradables con la limpieza, el producto comenzó a tener éxito. Estos ejemplos demuestran que, con un marketing adecuado, podemos hacer que nuestras mentes formen nuevos hábitos, ya que una vez que sentimos que la formación de nuevos hábitos será gratificante, nos será mucho más fácil adquirirlos.

Marco para crear un cronograma.

Los investigadores han encontrado que se necesitan aproximadamente treinta (30) días para crear o eliminar un hábito. En pocas palabras, alguien que quiera formar o eliminar un hábito debe actuar sobre él durante al menos treinta (30) días antes de que se convierta en permanente. Una de las primeras personas que notó este fenómeno fue un cirujano llamado Maltz. Al principio, sus pacientes no estaban acostumbrados a la forma en que se verían después de un procedimiento, como la rinoplastia, y a menudo se sentían perturbados por su imagen en un espejo. Después de veintiún (21) días, sin embargo, comenzaron a ver a su nuevo yo como normal, con la imagen en su cabeza cambiando para que coincida con la imagen que vieron en el espejo. Maltz se sintió intrigado y experimentó consigo mismo, descubriendo que, en efecto, tardó unos 21 días en crear un hábito duradero. Los investigadores lo comprobaron dos veces con sujetos de prueba en un ambiente controlado, encontrando que veintiún (21) días era en realidad el período mínimo necesario para crear un hábito. Era posible que el número máximo variara, así que lo fijaron en treinta (30) días, ya que la mayoría de la gente habría formado un hábito dentro de ese período de tiempo. También pasó a aproximarse a un mes, permitiendo a las personas que deseaban utilizar la investigación para cambiar sus hábitos un marco familiar dentro del cual crear una línea de tiempo. También le toma a la persona una cantidad similar de tiempo para deshacer los hábitos, un hábito que se desvanece si no se lleva a cabo durante al menos treinta (30) días. Este aspecto es el más importante de todos. Un hábito sólo se formará o se desvanecerá si se hace o si se deja sin usar regularmente durante el período de treinta (30) días.

El sistema de activación reticular.

El cerebro contiene algo conocido como el Sistema de Activación Reticular, o SAR, que está a cargo de la regulación de la transición entre la vigilia y el sueño. Este sistema, sin embargo, también tiene un papel importante en la motivación de la persona para formar un hábito. Esto se debe a que el SAR actúa como una especie de filtro que separa la información necesaria de la innecesaria que el cerebro procesa, ayudándonos a concentrarnos en las partes más importantes. Con todas las cosas que tenemos en nuestro cerebro en un momento dado, es obvio que es imposible ser capaz de procesar conscientemente cada pieza individual de información, y podemos volvernos locos si lo intentamos. El cerebro, a través de su Sistema de Activación Reticular, nos permite cernir esto y poner en primer plano las cosas más importantes, optando por ignorar el desorden sin importancia, archivándolo para su posterior procesamiento. Esto significa que influir en el SAR de nuestra mente individual puede hacer o romper la formación de hábitos. El SAR es un mecanismo que ayuda a identificar patrones, lo que significa que necesitamos entrenarlo, y por lo tanto a nosotros mismos, para hacer uso de la situación en la que estamos tratando de crear un hábito.

Utilizamos el SAR todos los días, y no sólo en la formación de hábitos. Nuestras mentes están cableadas para ver patrones, y el SAR es parte de eso. ¿Cuántas veces hemos ido a un concesionario para examinar o incluso probar un coche, y mientras que antes de esto, puede que hayamos pensado que el coche no es muy común, pero después de la visita, empezamos a ver ese modelo o marca dondequiera que vayamos? Ese es el SAR en acción, encontrando patrones una vez que los vemos como importantes. Probemos con otro ejemplo. Traten de mirar a su alrededor dondequiera que estemos ahora mismo, y traten de tener en mente lo que sea que sea azul. Ahora, sin volver a mirar a su alrededor, cierre los ojos y trate de recordar qué cosas de la habitación son amarillas. Es muy probable que usted pueda recordar muy pocos objetos, ya que su cerebro estaba concentrado en encontrar objetos de diseño azul, haciendo caso omiso de otros colores. Este principio demuestra que el SAR está en acción. Alguien que quiera usar su SAR debe recordar que para que sea más efectivo, debe haber un propósito claro y definido en la cabeza de la persona. Uno de los mejores objetivos iniciales sería construir la propia autodisciplina. Entrenarse a sí mismo para ser más auto-disciplinado y participar en conductas haciendo uso de ese hecho permitirá que el SAR haga efecto y ayude a concentrarse en los patrones que le permitirán garantizar mejor el éxito.

CAPÍTULO 8 –Consejos paso a paso en la formación.

Lo que hacemos nos define como quienes somos. Dicho esto, debemos recordar que la mayor parte de nuestra vida diaria se compone de acciones habituales, y que solemos correr en piloto automático durante la mayor parte del tiempo. Esto significa que nuestros hábitos definen gran parte de nosotros, ya sea que estos hábitos sean buenos o malos. Aunque obviamente es mucho más preferible tener buenos hábitos que malos, no podemos evitar formar malos hábitos de vez en cuando. De hecho, los malos hábitos a menudo se forman más fácilmente y son más difíciles de deshacerse de ellos, ya que nuestros cerebros están conectados para hacer las cosas en base a cómo nos agrada, y no necesariamente pensamos en las ramificaciones todo el tiempo. La única manera real de detener esto es eliminar los viejos hábitos, y reemplazarlos con cosas positivas, ya que simplemente eliminarlos dejará un vacío, y hará más fácil volver a caer en los malos hábitos.

Encuentra lo que le mueve.

Como sabemos por la reflexión anterior, algo, que en la mayoría de los casos es una situación familiar en el caso de los hábitos, ocurre para desencadenar una reacción. Este desencadenante es activado inconscientemente por el cerebro y lo lleva a actuar de acuerdo con sus hábitos. Para poder cambiar sus hábitos, usted tiene que ser capaz de identificar qué factor desencadenante en particular afecta a cada hábito. Por ejemplo, si usted es un fumador que desea dejar el hábito, debe tratar de identificar qué es lo que le hace sacar un cigarrillo y encenderlo. Una manera de hacer esto es tomar nota de sus hábitos y comportamiento, así como pedirle a sus amigos o familiares que también tomen nota. Esto le permitirá descubrir qué desencadenantes existen para el hábito que desea modificar o eliminar. Esta lista le ayudará a evaluar su comportamiento, así como a mostrarle qué factores desencadenantes debe evitar o comenzar a asociar con una nueva acción.

Encontrar un remplazo.

Como se indicó en el paso anterior, una vez que se han encontrado los desencadenantes, es hora de comenzar a reemplazar la acción asociada con el desencadenante. Usando el ejemplo anterior de fumar, si, por ejemplo, un receso a mitad de la reunión es un detonante para fumar, trate de evitar fumar y en su lugar reemplácelo conscientemente con otra acción, por ejemplo, preparar café o té. La formación de un nuevo hábito para reemplazar el viejo le permitirá deshacerse del viejo más fácilmente. Esto puede resultar difícil al principio, pero a medida que se vaya avanzando, será más y más fácil, y eventualmente será natural.

Recuerda ser consistente.

La constancia es la clave para modificar los hábitos. Una vez que tenga en mente los factores desencadenantes y sepa cuáles son los hábitos alternativos que desea poner en práctica, debe estar decidido a llevarlos a cabo. Establecer un cronograma es una de las mejores maneras de observar su avance. Como se dijo anteriormente, el período de treinta (30) días es conveniente, y hace más fácil mantener el hábito elegido. Tener recordatorios visuales que usted ve diariamente, junto con la línea de tiempo, puede ser de gran ayuda para mantener su determinación.

Reducir al mínimo las posibilidades del fracaso.

Si bien la formación de un hábito diferente relacionado con algunos factores desencadenantes puede resultar eficaz, también es aconsejable evitar situaciones desencadenantes, especialmente si no es factible crear un nuevo hábito. Si usted sabe, por auto-observación o por alguien cercano a usted, que una cierta acción o situación desencadena un mal hábito, entonces, el evitar la situación por completo le hace mucho más fácil a usted eliminar el hábito. Aunque esto no se puede hacer para todos los desencadenantes, haga uso de esto cuando sea posible. Por ejemplo, si usted tiende a fumar cuando consume alcohol, trate de beber menos, ya sea saliendo menos veces en un mes o evitando esa cerveza después del trabajo. Evitar el desencadenante disminuye las oportunidades de caer. Eventualmente, encontrará que, si alguna vez es expuesta a la situación desencadenante, se ha librado del hábito, y no encontrará ningún problema.

Superando la ansiedad pasajera.

Sentir ansias y presión interna para practicar viejos hábitos es natural, y nada de qué avergonzarse. Sin embargo, debe permanecer decidido a seguir adelante, y no debe ceder. A menudo, estos impulsos tienden a ser fugaces, y los primeros momentos de los primeros impulsos son los más difíciles. Una vez que sea capaz de soportarlos, resistir el resto del camino será sencillo. Una manera de mantener el rumbo cuando se tienen impulsos de volver a un mal hábito es ocupar sus manos y su mente con otra acción, distrayéndose de las ansiedades.

Mantén a otros informado.

Una buena manera de ayudar a cambiar sus hábitos es conseguir el apoyo de los demás. Decirles a otros acerca de su decisión de cambiar para mejorar y deshacerse de un mal hábito hará maravillas en su esfuerzo por dejar ese viejo hábito. Al decirle a otros, les permite que le apoyen, ayudándote a creer en ti mismo. También le hace responsable ante ellos, ya que saben que deben llamarte si ven que empiezas a recaer.

Mantén una actitud mental positiva.

Recuerde que, para tener éxito, usted tiene que mantener una mentalidad positiva. Cambiar un hábito, especialmente uno que está muy arraigado en usted, aquel que puede llevarle a tener muchos sentimientos negativos, haciéndole sentir mal o con los nervios de punta. El asociar los sentimientos positivos al cambio de hábitos hará que sea mucho más fácil para usted seguir haciéndolo. Por otro lado, vincular esos sentimientos negativos con el mal hábito, en sí mismo hará que sea mucho más sencillo para usted deshacerse de él, ya que su deseo de modificarlo aumentará. Mantener la motivación y mantener una firme voluntad es fundamental para el éxito a largo plazo. Llevar un registro de sus logros a corto plazo también le ayudará en un largo plazo. El tomar las cosas en un día a la vez puede hacer que la tarea sea menos desalentadora. Por ejemplo, si desea seguir fumando, debe recordarse a sí mismo que no fumó hoy, recordarse a sí mismo de esa pequeña victoria le ayudará a mantenerse en el camino correcto. Esto puede ser difícil, pero la autodisciplina a menudo lo es. Sólo recuerde que nada que valga la pena es fácil. Otro método para mantener con el ánimo en alto es encontrar un modelo a seguir. Por ejemplo, si desea estar en forma y vivir de forma más saludable, admirar a un atleta y aspirar a trabajar más duro le ayudará a mantenerse en la senda. Hay que recordar que la consistencia es la clave, y que es necesaria la auto-reflexión y la evaluación para vigilar su avance y permitirse corregir cualquier desviación a lo largo de su camino.

CAPÍTULO 9 - Algunas cosas para tener en cuenta al modificar un hábito.

Como se mencionó anteriormente, hay cosas que hay que se deben de hacer, así como cosas y situaciones que deben evitarse para mejorar la probabilidad de éxito en la modificación de los hábitos. Tiene que recordar que debe tomarse las cosas con calma y deliberadamente a propósito. Elegir cambiar muchas cosas sobre ti de improviso es probable que no funcione. Lo más probable es que cambie durante unos días y luego comience a recaer. Tomar un hábito a la vez, enfocarse en cambiar ese hábito hasta que se vuelva permanente es más probable que funcione. Por ejemplo, usted quiere dejar de fumar cigarrillos, mejorar su condición física y mejorar en su trabajo. Concéntrese en una sola cosa a la vez. Comience a dejar de fumar, y cuando esté seguro de que puede manejar la vida sin cigarrillos, comience una rutina de ejercicios, y así sucesivamente. Los estudios muestran que al enfocarse en cambiar una cosa a la vez significa que usted tendrá tres o más veces más probabilidades de tener éxito en ello en comparación con tratar de cambiar múltiples hábitos simultáneamente. La modificación del hábito también debe ser deliberada, y debe planificarse en lugar de hacerse al azar. Muchas personas que quieren cambiar fracasan porque no se preparan adecuadamente. Utilice los consejos que se mencionaron anteriormente, para ayudarle a formar un plan y asegúrese de tener recordatorios regulares. Escribir una lista de cosas que desea cambiar y formar un plan paso a paso para cambiar sus hábitos puede ser el eje de su éxito. Usted debe investigar sobre la mejor manera de cambiar sus hábitos, ya que la mayoría de las veces, alguien que ya ha decidido hacer lo mismo, y usted puede aprender de su experiencia, o de la investigación de la ciencia. También debe asegurarse de hacer planes de contingencia, teniendo en cuenta lo que debe hacer si algo no se ajusta completamente al plan. Recuerde que algo siempre puede salir mal, y usted debe planear para que eso ocurra. Una cosa que también debe tener en cuenta es que siempre existe la posibilidad de que cometa un error, sin importar lo buenos que sean sus planes o la cantidad de contingencias para las que se prepare. No se desespere si esto sucede, simplemente tómelo como una lección y siga adelante, teniendo en mente su meta. El entusiasmo demostrará cierto éxito a corto plazo, pero el cambio de hábitos requiere dedicación permanente, y el mero entusiasmo sólo te llevará hasta cierto punto. Además de un plan, un sistema adecuado de apoyo será crucial. Cambiarte a ti mismo será mucho más fácil cuando tengas gente que le apoye, que crea en ti y esté dispuesta a llamarte a tu alrededor. Estas personas, la mayoría de las veces sus amigos y familiares, podrán responsabilizarlo, así como tranquilizarlo cuando tenga ganas de rendirse. Sin embargo, lo más importante de todo es querer realmente cambiar. Antes de tomar la decisión de cambiar algo de sí mismo, tienes que llegar a un acuerdo con el cambio deseado y tienes que ser honesto contigo mismo al respecto. Usted debe saber exactamente por qué quiere hacer el cambio. También debe tener en cuenta cuál es su principal motivación y cuáles son sus razones. Tiene que preguntarse a sí mismo: "¿Esto va a ser permanente?", "¿Hablaré en serio sobre esto?" Si puedes ser honesto consigo mismo, y da cuenta de los obstáculos que inevitablemente surgirán, debería ser capaz de encontrar el éxito.

Recuerde que usted debe pensar las cosas antes de comenzar esta empresa. Planificar su ruta, paso a paso, encontrar su sistema de apoyo, en planear para sus contingencias, y estar dedicado a hacer un cambio, son todas las cosas que necesita hacer o tener para tener éxito. Como dice el refrán, "fallar en planear, es planear para el fracaso".

CAPÍTULO 10 - Entrenamiento y alimentación como guerreros de élite.

Lo que comes y cómo haces ejercicio son parte integral de tu vida. Este hecho se aplica a personas de todo el mundo, independientemente de la frecuencia con la que se ejerciten o de si son remotamente atléticos. Los seres humanos, por naturaleza, necesitan algún tipo de actividad física para mantener su salud bajo control. Si usted pasa demasiado tiempo sin hacer ejercicio, entonces sus músculos se atrofiarán y su cuerpo será menos capaz de funcionar. Con sólo un poco de ejercicio, usted puede mantener su salud. No es una opción no hacerlo. Usted puede hacer algo tan simple como caminar todos los días para asegurarse de que su cuerpo se está moviendo.

Junto con el ejercicio, usted necesitará una dieta saludable. Estos dos factores pueden ayudar a asegurar que su cuerpo sea menos susceptible a la enfermedad y que no se vuelva obeso. Usted no debe considerar una dieta más saludable y un poco de ejercicio sólo porque quiere perder peso para que pueda verse bien con su ropa favorita. Estas opciones pueden asegurar que su vida sea más larga y que su salud en general sea mucho mejor.

Por ejemplo, piense en los "US Seals de la Marina". No sólo hacen ejercicio; entrenan sus cuerpos. El condicionamiento por el que pasan sus cuerpos es muy serio. Necesitan estar en la mejor forma posible para asegurarse de que son capaces de hacer frente a todos los retos a los que se enfrentan. Tienen que ser capaces de correr, saltar, levantar y mucho más con eficiencia. No pueden fracasar en una tarea que tienen que completar durante una misión.

Sin embargo, su entrenamiento va más allá de sus cuerpos. Cuando están buscando entrenar sus cuerpos tan duro, deben entrenar sus mentes y trabajar en su autodisciplina. Levantarse y mantener sus cuerpos requiere una increíble cantidad de autodisciplina. Mucha gente no posee esa autodisciplina.

Pero usted puede entrenarse para tener ese tipo de autodisciplina en su vida diaria. Incluso puedes usar su salud física como una forma de medir su autodisciplina. Si usted está luchando con su peso, entonces podría tener algunos problemas con su autodisciplina. Si usted tiene un peso más saludable y una vida bastante activa, entonces debe tener un poco más de confianza en su autodisciplina.

Tener confianza le ayudará a tener éxito. estando consciente de que está cuidando de su cuerpo le ayudará a sentirte seguro de su cuerpo y de su estilo de vida. Usted querrá trabajar en un par de puntos para aumentar su autodisciplina que cubriremos aquí.

Despertar temprano.

El levantarse temprano le permitirá comenzar el día de manera productiva. Mientras que los Seals comienzan sus mañanas con una alarma a las 4 de la mañana que puede ser un poco excesiva para la mayoría de la gente. Los Seals tienen una gran oportunidad de hacer muchas cosas en un solo día. Necesitan todo el tiempo que puedan de levantarse antes que el sol.

No es necesario que empiece a las 4 de la mañana, pero querrá evitar dormir hasta tarde cuando no debería. Dormir es una parte importante de su salud, pero continuar acostado en la cama le hará perder parte de su valioso tiempo. Escoja una hora de despertador que se base en el momento en que se va a dormir. No importa qué hora sea, siempre y cuando se levante a esa hora todas las mañanas. Usted querrá hacer de esa hora de despertarse un hábito, y debe escoger una hora que le permita ser extremadamente productivo.

Este activo todos los días.

Independientemente del nivel de actividad física en el que desee participar, debe tratar de hacer algo todos los días. Su cuerpo necesita este ejercicio. Mejorará su estado de ánimo y su proceso de pensamiento cada día.

La actividad puede ser una caminata, un paseo en bicicleta o una carrera larga. Sólo necesitas que sus músculos se muevan todos los días. Hacer que su cuerpo se mueva ayudará a su organismo y a su mente de la mejor manera posible.

Alimente su cuerpo.

Un Seal de la Marina, se decide por una comida que le dará a su cuerpo el combustible más eficiente. No están buscando una comida que sea simplemente agradable. ¿Cómo ves sus comidas? ¿Parece que la mayoría de ellos se trata más bien de disfrutar de la comida o de alimentar su cuerpo? No debería de sentirse mal por tener una comida que puede comer de vez en cuando. Sin embargo, usted debe trabajar en hacer que sus comidas sean eficientes para su cuerpo.

Escoger alimentos saludables asegura que

su cuerpo sea capaz de hacer todo lo que usted necesita hacer durante ese día. Si elige opciones que tienen más calorías, es posible que se sienta un poco letárgico. La disciplina que usted necesita para diseñar sus comidas como las de los Seals de la Marina, requerirá mucho trabajo. Va a tener que trabajar activamente en este tipo de estilo de vida.

Se cuidadoso cuando haces un plan.

Los "Seals de la Marina" no se limitan a estas dietas y horarios de ejercicio. Tienen todo planeado antes de que se despierten. Un horario reglamentado significa que las comidas son planeadas, los entrenamientos son planeados. Aunque no estés entrenando tu cuerpo tan duro como el de un "Seals de la Marina", necesitas tratar de modelar tu vida según todo lo que ellos hacen.

Un horario y un plan pueden significar la diferencia entre un día loco y un día bien manejado. El horario y el plan pueden afectar el resto de su vida. El tener autodisciplina no se trata sólo de alardear con sus amigos sobre la vida que está tratando de vivir, sino sobre el estilo de vida que lleva.

Modelar su vida según la vida de los "Seals de la Marina" significa que podrá hacerse responsable de las decisiones que tome. El hacer el compromiso con la autodisciplina afectará muchas áreas de su vida y con suerte hará que toda su vida se ponga al mismo paso.

CAPÍTULO 11 –El auto-control es un musculo.

Cuando se trata de la aptitud física, uno de los mayores retos a los que se enfrentará es mantener su condición física durante un largo período de tiempo. Después de que haya desarrollado sus músculos, tendrá que mantenerlos. Si deja de usarlos, empezarán a desaparecer. No importa cuánta masa muscular haya acumulado durante cuánto tiempo, cuando deja de usar sus músculos, éstos comienzan a atrofiarse.

Al igual que la forma en que sus músculos se atrofian sin usarlos, su autocontrol también comenzará a disminuir si usted deja de usarlo. Las personas a menudo se encuentran en una espiral cuando empiezan a dejar ir su autodisciplina. No sólo tiene que trabajar hasta un cierto nivel de autodisciplina, sino que tendrá que mantenerla de forma bastante regular para tenerla en forma.

Con el fin de mostrarle mejor cómo mantener su autodisciplina, repasaremos un par de ejemplos. Esto le ayudará a ver cómo podría ser su proceso de autodisciplina. El primer ejemplo es sobre la pérdida de peso. Está tratando de perder un total de 50 libras. Lo está haciendo bastante bien en su misión.

Usted está haciendo ejercicio diariamente, comiendo bien y practicando un autocontrol bastante bueno. Se está moviendo en la dirección correcta y está perdiendo peso con bastante rapidez. Como se siente bien con esto, decide salir un sábado por la noche a comer una hamburguesa con papas fritas con sus amigos. No es algo terrible. Se está divirtiendo y es un día de hacer trampa no es terrible. Especialmente no es terrible, porque el domingo se vuelve a poner en práctica.

Sin embargo, después de la semana, sales el viernes y el sábado por la noche. Cuando llega el domingo, ya no le entusiasman sus hábitos. No ha estado practicando el autocontrol en el último día y medio. Así que ahora, quiere hacer menos. Así que, en las próximas semanas, sus decisiones serán cada vez peores. Eventualmente, su autocontrol desaparece por completo. Incluso las libras que perdió han vuelto. Está justo donde empezó. Este tipo de resultado es frustrante para la mayoría de las personas.

Entonces, ¿qué salió mal? Dejo sus hábitos de autodisciplina, a pesar de que empezó como un solo día. Toma muchos días crear un buen hábito, pero sólo toma un día o dos para romper los hábitos que usted ha creado.

Veamos otro ejemplo. Este no es sobre la pérdida de peso, sino sobre su trabajo. Recientemente decidió ir a trabajar temprano todos los días para poder hacer más cosas. Este trabajo no sólo asegura que usted sea más productivo, sino que le hace lucir más impresionante ante sus superiores. Podrías conseguir un ascenso antes.

Tu decisión está dando sus frutos a medida que avanzas. La gente se está dando cuenta de su trabajo extra. Un lunes por la mañana, decide dormir hasta tarde. Tuviste un fin de semana largo, y seguirás llegando al trabajo a tiempo. Eventualmente, se da cuenta de que todo el sueño extra es agradable. Usted deja de tener la motivación de ir a trabajar temprano. Su productividad ha bajado y, con el tiempo, incluso se le pasa por alto cuando las promociones vuelven a tener lugar.

Permitió que sus viejos hábitos se arrastraran hacia usted y es posible que esto le haya dificultado dar un gran paso en su carrera profesional.

El entrenamiento de los Seals de la Marina está sobre una base muy consistente. No toman atajos cuando se trata de su trabajo y su cuerpo. Trabajan en su autocontrol hasta que está a un nivel increíble. Evitan el impulso de tener un día perezoso o tomar atajos y esto asegura que su autodisciplina es sólo un hecho de su vida. Es sólo parte de su vida; está arraigada en ellos. Si usted trata de arraigar la autodisciplina en su vida, entonces podrá dejar de preocuparse por volver a los viejos hábitos.

Adaptación.

Cuando trabajas en la adaptación, se concentra en un tipo de aprendizaje que le permite disminuir (o aumentar) el tipo de respuesta que tienes a ciertos estímulos. El resultado final de este tipo de aprendizaje es más que una reacción o menos que una reacción.

El uso común de este tipo de aprendizaje es ayudar a la gente a superar los miedos. Podrías usar este tipo de aprendizaje si tienes miedo de las serpientes. Mirarás fotos de serpientes hasta que las fotos ya no le hagan reaccionar. Luego podría pasar a ver una serpiente viva en una jaula de cristal. Estará lejos de usted al principio, pero a medida que sus reacciones disminuyan, se acercará cada vez más a la jaula. Después de un tiempo, estarás cerca de la jaula y se le quitará la tapa. Alguien más manipulará la serpiente mientras usted la toca. Eventualmente, usted será el que maneje a la serpiente. Al final del proceso, es probable que no reaccione con la misma fuerza a la visión de una serpiente. Incluso podrá manejar la serpiente con confianza.

Este tipo de entrenamiento puede permitir a cualquiera superar algo. Los Seals usan esto para fortalecer sus mentes contra el tipo de cosas que están haciendo regularmente. Esto ayuda a asegurar que su mente esté enfocada cuando están haciendo este trabajo.

Asumiendo la responsabilidad.

Usted querrá asumir la responsabilidad cuando algo salga mal. Usted necesita ser capaz de admitir que está equivocado o decir que algo sucedió debido a sus acciones. No deberías tratar de culpar a alguien más por su error. Los Seals se toman sus éxitos y fracasos con calma, y usted también debería hacerlo.

Compórtese como un jugador de equipo.

Usted querrá tratar de mantener su vida personal fuera de su situación. Cuando trabajas con un equipo, eres parte del equipo. Cualquier problema personal debe dejarse fuera de la situación del equipo. Los Seals de la Marina se preocupan primero por su equipo. Su prioridad es hacer la vida de su equipo más fácil. Si está trabajando con un equipo, considere toda la situación y no sólo la suya.

Continúe aprendiendo.

Independientemente del tipo de situación en la que se encuentre, se dará cuenta de que a veces un pequeño detalle puede ayudarle a hacer algo. Los Seals de la Marina están aprendiendo constantemente. Independientemente del tiempo que hayan sido Seals, siguen trabajando en sus mentes. Usted puede aprender de la lectura o simplemente de la clase de errores que comete.

CAPÍTULO 12 – Establecer una rutina matutina productiva.

Los Seals de la Marina, consideran a su mañana como su momento más importante del día. Esta no es una idea nueva. Los padres en todas partes, han estado enseñando a sus hijos que la mañana es el momento más crítico del día. ¿Pero por qué las mañanas son tan importantes en nuestros días? ¿Qué las hace más importantes que el resto del día?

La forma en que empiece el día puede marcar la pauta para el resto del mismo. El hacerse el dormido, un botón de reinicio y tu mañana es el nuevo día. Hay una pizarra en blanco en todo esto. Cuando te despiertas, las frustraciones y el estrés a los que se enfrentó el día anterior no están presentes en tu mente de inmediato.

Ese nuevo día les permitirá avanzar y tratar de abordar las cuestiones del día de hoy. Sin embargo, si su mañana no comienza bien, entonces usted puede encontrar que su día puede ir cuesta abajo desde allí. Podría convertirse en un día flojo o improductivo sólo por la forma en que comenzó la mañana. Así que empezar bien el día va a ayudar mucho a su autodisciplina.

Para asegurarse de que su mañana está comenzando de la manera correcta, es posible que desee adoptar una rutina matutina que lo mantenga productivo. Cualquiera que sea la rutina de esta mañana, usted querrá que sea extremadamente consistente, fácil de repetir y un poco demandante. Comenzar el día con demasiada facilidad creará una expectativa en su mente de que el resto del día será igual de fácil. Si empiezas con un pequeño reto, se dará cuenta de que será capaz de hacer frente a muchas más cosas durante el día. Crear una rutina matutina puede parecer un reto, pero aquí hay una lista de consejos a tener en cuenta cuando se trata de hacer bien las cosas.

Inicie temprano.

En este libro hemos discutido los

beneficios de empezar el día temprano. Sin embargo, es un punto que debe ser enfatizado. De hecho, debe tener en cuenta que su horario debe incluir hacer algo que contenga sustancias a esta hora tan temprana. Si te levantas a las 5 de la mañana, entonces no deberías estar leyendo el periódico y tomando café a la primera hora del día. La hora de levantarse debe estar relacionada con lo que necesita hacer durante el día.

Planear la alimentación de antemano.

Cuando empiezas la mañana, esa primera comida puede realmente afectar cómo será su día. Puede ser un mal desayuno o puede ser sin desayuno que hace que su día sea un poco peor por el desgaste. Antes de irte a la cama, debes planear lo que quieres desayunar. Si puedes, entonces deberías preparar tu desayuno. Esto hará que su mañana sea más tranquila, ya que podrá desayunar y comenzar el día.

Haz tu mañana ocupada, no estresante.

Por la mañana es cuando debería tratar de hacer las cosas. Sin embargo, si usted quiere hacer las cosas, entonces también debe estar en equilibrio con la necesidad de mantener un bajo nivel de estrés en la mañana. Usted no quiere sobrecargar la mañana, así que no trate de encajar seis horas de trabajo y tareas en cuatro horas. Esa es una receta para el estrés y una preparación para el fracaso. La sensación de fracaso es algo que debe evitarse a lo largo del día, pero es especialmente importante el evitar esa sensación por la mañana, ya que es entonces cuando se establece el tono para el resto del día. Mientras mantiene realísticamente todas sus expectativas, sea dinámico al hacer las cosas por la mañana.

Trate de ejercitarse.

Hacer su ejercicio diario por la mañana es una manera de poner su mente y su cuerpo en línea con lo que va a suceder en el resto del día. El ejercicio matutino ayudará a que su metabolismo se ponga en marcha para el día. También ayudará a su mente debido a las sustancias químicas que se liberan durante el ejercicio. Si usted puede tratar de agregar ejercicio a su rutina matutina, entonces podrá maximizar su día.

A pesar de que su cama puede parecer tan acogedora en las primeras horas de la mañana, usted debe abstenerse de dormir toda la mañana. Usted querrá comenzar su día con una gran rutina matutina. Le mantendrá productivo y le ayudará a trabajar en su autodisciplina. Cuando se levanta por la mañana y sale. Incluso si usted tiene que fingir esa confianza y energía en las mañanas por un tiempo, encontrará que una rutina de buenos días se convertirá en su parte favorita del día. Quiero decir, ¿a quién no le gusta tener mucho trabajo realizado antes del mediodía?

CAPÍTULO 13 –Las 12 características de los Seals de la Marina.

La travesía en mejorar su autodisciplina es también un viaje para que se convierta en una nueva persona. No tiene que reinventarse a sí mismo o revisar completamente a la persona que ha sido. Sin embargo, usted debe considerar las metas que tiene y qué tipo de persona necesitará ser para lograr esas metas. Se necesitará trabajo y disciplina para alcanzar esas metas, y el cambio es una parte natural de tratar de lograr cualquier cosa.

Cuando la persona trata de convertirse en un Seals de la Marina, es una persona diferente al final de su experiencia. Para las personas que le conoció antes de ser un Seals de la Marina, ese cambio podría ser enorme. Hay doce características específicas que son aprendidas por los Seals. Estas son características de autodisciplina y de ser mejores en lo que hacen. Es posible que descubras que estas doce características son comunes prevalecen en tu vida, así que revisa esta lista y compárate los Seals de la Marina. Desarrolla las características que no pareces tener todavía. No hay nada malo en mejorar constantemente.

Primera característica – Confianza.

Cuando se trata de cualquier camino que tomamos, la confianza es una parte importante del mismo. Los "Seals de la Marina" deben de tener la confianza cuando inician una misión. Ese tipo de confianza puede venir de su interior. Es algo en lo que tienes que trabajar a veces, pero serás capaz de aumentar su confianza y empezar a sentirse más y más cómodo con todo lo que está haciendo en su vida. Lo que hay que evitar con confianza es la arrogancia. Aunque los Seals tengan absoluta confianza en su equipo y en sí mismos, deben evitar el exceso de confianza, ya que esto puede llevarlos a fracasar a ellos o a su equipo.

Segunda característica – Determinación.

Cuando se trata de cualquier camino que tomamos, la confianza es una parte importante del mismo. Los "Seals de la Marina" deben de tener la confianza cuando inician una misión. Ese tipo de confianza puede venir de su interior. Es algo en lo que tienes que trabajar a veces, pero serás capaz de aumentar su confianza y empezar a sentirse más y más cómodo con todo lo que está haciendo en su vida. Lo que hay que evitar con confianza es la arrogancia. Aunque los Seals tengan absoluta confianza en su equipo y en sí mismos, deben evitar el exceso de confianza, ya que esto puede llevarlos a fracasar a ellos o a su equipo.

Tercera característica – Asertividad.

Ser asertivo tiene algo que ver con la confianza. Las dos características están relacionadas. Cuando estás siendo firme, tienes que estar seguro de lo que dices o defiendes. No tienes que ser grosero con una situación, sólo estar seguro de sí mismo. Los mejores Seals son agresivos, pero tratan de no ser prepotentes. Cuando se trata de conseguir lo que necesitas, sólo tienes que salir y pedirlo. El universo responderá de alguna manera y podrás seguir adelante.

Cuarta característica – Fortaleza.

Los Seals tienen que ser fuertes. Esto no sólo significa su fuerza física, aunque este es un factor. También existe la fuerza para resolver problemas, la capacidad de trabajar en equipo y el valor moral. Cuando pienses en el valor moral, piensa en lo que haces cuando no hay nadie cerca para presenciar lo que estás haciendo. El valor moral consiste en hacer lo correcto, independientemente de quién esté ahí para verlo. Sin embargo, durante el proceso de selección de los Seals de la Marina, casi siempre hay alguien allí para verlos.

Poder trabajar en equipo es otra habilidad importante para un Seal. Deben ser capaces de poner a su equipo delante de ellos. Esto asegura que se preocupen más por las metas y objetivos generales que por sí mismos.

La resolución de problemas es una habilidad importante para los Seals. Necesitan ser capaces de pensar con claridad y hacer exhortos incluso cuando les están disparando.

Por supuesto, también tienen que ser fuertes en su mente y cuerpo. Trabajan en sus cuerpos constantemente. Sus mentes han sido la discusión de este libro. Su autodisciplina es algo en lo que trabajan y perfeccionan a un nivel que para muchas otras personas sería imposible.

Característica cinco – La habilidad.

Cuando se trata de convertirse en un selecto grupo de élite, hay que enfrentarse a una competencia despiadada. No puede ser simplemente bueno en algo si quiere tener una oración para convertirse en un Seals de la Marina. Tiene que ser hábil en las áreas correctas. Los Seals de la Marina necesitan habilidades relacionadas con las acciones militares que llevan a cabo. No necesita ese tipo de conocimientos si trabaja en ventas. En lugar de eso, usted debe enfocar su mente en mejorar sus habilidades en ventas y negocios. Esto le ayudará a impulsarse a los niveles más altos en su trabajo. ¿Qué tipo de habilidades necesita desarrollar depende enteramente de los objetivos y logros que desea alcanzar en su vida? Busque esas habilidades agresivamente para que pueda alcanzar las metas que necesita.

Característica seis – Liderazgo.

Ser un líder sólido es una parte fundamental de lo que son los Seals de la Marina. Un gran líder tiene una mente abierta y es capaz de seguir y dirigir. Se centrarán en su equipo antes que en ellos. Un Seal aprende que un gran líder es competitivo, pero también puede ser un buen perdedor. Un líder es en última instancia responsable de los fracasos o éxitos del equipo. No importa si el líder fue directamente responsable, ellos están a cargo y guiaron al equipo en cierta dirección. Independientemente del resultado, tienen que ser responsables de ese resultado.

Característica siete – Serenidad.

En la segunda fase del entrenamiento BUD/S (Demoliciónbásica bajo el agua/ Seals'), los estudiantes tienen que hacer todo tipo de trabajos bajo el agua mientras usan equipo pesado. En algún momento durante el ejercicio, los instructores atacarán a los estudiantes y desconectarán el equipo. Este momento es increíblemente importante. Los estudiantes que permanecen tranquilos incluso mientras están en peligro son los que pasarán la prueba y continuarán adelante. Su tranquilidad les permite funcionar durante un período de tiempo más largo. Con el fin de prepararse mentalmente y mantenerse calmados, los estudiantes practicarán ejercicios de respiración y visualizarán el ataque antes de estar en el agua. La preparación mental los mantiene enfocados en el momento y más tranquilos.

Característica ocho – Disciplina.

Hay muy pocos grupos en la Tierra que sean tan disciplinados como los Seals de la Marina. Se dedican al proceso y a sus hermanos a los que sirven. La disciplina es una fuerza que le llevará lejos en la vida. Los Seals de la Marina necesitan habilidades relacionadas con las acciones militares que llevan a cabo. Están mostrando debilidad si presionan el botón del despertador por la mañana. Levantarse con la primera alarma le hará avanzar durante el día. Así que, independientemente de la hora a la que se levante, intente levantarse con la primera alarma y vea cómo mejora el día siguiente.

Característica nueve – Adaptabilidad.

A lo largo de este libro, hablamos de los Seals como un grupo de personas que planifican cuidadosamente su día y viven un estilo de vida regulado. Sin embargo, los "Seals" son un grupo de personas increíblemente adaptables también. Las cosas cambian todo el tiempo. Estos cambios pueden hacer que necesitemos repensar todo lo que estamos haciendo en un solo instante. Esto puede significar ajustar un día entero de planes para adaptarse al cambio. A los Seals se les enseña a confiar en su disciplina. Cuando se encuentran en una situación de locura, se concentran en las prioridades y avanzan. Manejan un problema a la vez, la más alta prioridad. Saben que cuando la situación cambia, las prioridades cambian y usted tendrá que adaptarse a ello.

Característica diez – Vigilancia.

Es difícil, si no imposible, tomar desprevenidos a los Seals de la Marina. Tienen una actitud vigilante que está arraigada en su cuerpo. Tienen los ojos enfocados en lo que necesitan y los oídos abiertos. La vigilancia no se aplica sólo a un campo de batalla. Con vigilancia, usted puede aprovechar las oportunidades a medida que aparecen. Incluso si son repentinos e inesperados, usted podrá aprovechar la oportunidad y seguir adelante. El trabajo de los Seals hacer conocido lo desconocido. Trabajan para asegurarse de que sus cuerpos y mentes estén preparados para soportar cualquier cosa, de modo que no se distraigan por la situación.

Característica once – Paciencia.

Comprender que la paciencia es extremadamente importante para los Seals de la Marina. La autodisciplina requiere paciencia. Un francotirador puede tener que esperar a un objetivo durante días y días. La paciencia le ayudará a no reaccionar tan emocionalmente a una situación dada. Estará más tranquilo en situaciones difíciles y podrá superarlas más fácilmente. La paciencia, la calma y la autodisciplina van de la mano. Con paciencia, usted podrá calmarse y ver la situación antes de iniciar un movimiento. Esta calma le permitirá no tomar una decisión terrible de la que se arrepentirá después. Los Seals practican la paciencia en sus momentos más frustrantes e incluso durante los períodos de estrés.

Característica doce – Preparación.

Cuando se trata de cualquier situación, el primer paso es crear un plan. Los Seals de la Marina pasan muchas horas preparándose para el combate. Analizan las misiones y los objetivos para determinar qué tipo de prioridades deben tener. Después de analizar la situación, comienzan con el tiempo, los recursos, los activos y el personal que están en la situación. Durante sus preparativos, trabajan en la creación de planes para situaciones probables. Quieren asegurarse de que están preparados para todo. Parte de la planificación implica incluso delegar en otros miembros del equipo. El éxito a largo plazo no se trata sólo de la fuerza bruta, sino de los pensamientos que tienen. Prepararse es parte de tratar de alcanzar sus metas. Tendrá que confiar en su disciplina y no en su motivación cuando esté tratando de prepararse para cualquier situación.

www.ingramcontent.com/pod-product-compliance
Lightning Source LLC
Chambersburg PA
CBHW072012070526
44583CB00015B/1443